E-Prime
第一次用就上手

黃揚名◎著　　蘇梓恆◎製圖

五南圖書出版公司 印行

自序

　　十幾年前從生命科學系轉行到心理系，當時對於要寫程式做心理學實驗，其實沒有太意外，因為大學時期就接受了一些洗禮。當時用了幾套不同的軟體，很慶幸自己還算有些寫程式的天分，加上貴人相助，讓我在研究所的生涯沒有過得太痛苦。然而，我相信對於很多社會人文背景的同學來說，根本沒有想過自己的研究需要涉及程式撰寫，甚至認為要撰寫程式根本就比登天還難，希望看完這本書之後能夠讓你們改觀。

　　E-Prime 可以說是市面上最容易使用的實驗程式撰寫軟體，但又有一定程度的擴充性，所以可以完成大多數所需要撰寫的程式。幾年前第一次教 E-Prime 這門課時，就興起了要寫書的念頭，但遲遲一直沒有行動。在 2012 年夏天的一場論文口試中，中國醫藥大學的李金鈴老師說怎麼不寫？由此才比較認真的動作，終於在 2013 年年初完成書的雛型。

　　在撰寫的過程中，感謝臉書上朋友們的支持、輔大心理系蘇梓恆同學幫忙製作書籍所需的螢幕截圖，以及看過這本書初稿的朋友們；更需要感謝的是，這幾年來修過我 E-Prime 課的學生。這門課一直是我最喜歡教的一門課，也是上的最開心的一門課，同學們的創意、巧思往往超乎了我的想像，因為這些火花，讓我寫書的熱誠能夠持續。

最後，必須聲明這本書絕對只是一個開端，沒有辦法把所有 E-Prime 撰寫的技巧都教給各位；不過我相信，只要各位掌握書中的基本原則，加上網路上豐富的資源，應該沒有不能寫完成的程式。搭配這本書會有一個網路平台「E-Prime 第一次用就上手」（http://sites.google.com/site/eprimefordummies），歡迎大家在上面切磋，我也會持續放一些新的程式範例在上面讓各位參考。

黃揚名

2013 年 7 月

目錄

表目錄

圖目錄

第一章
前　言

本章介紹

- ·心理學與程式撰寫的關係
- ·各章節的介紹

　　一般民眾所知道的心理學，大多是所謂的諮商、臨床心理學，他們總認為學心理學的人會看透他們的心思。然而真正接受過心理學訓練的人都會知道，心理學並非僅關於如何看穿別人的心思，為他們提供心理諮詢；心理學包含很多不同的領域：包括認知心理學、發展心理學、社會心理學、工商心理學等等。心理學的研究方法也不僅僅是跟個案聊天諮詢，心理學的研究方法也可以是相當科學的，不論是使用電腦或是其他儀器來探索人的心智運作歷程。

　　進行心理學的實驗或許不需穿上白袍，但實驗的邏輯和其他科學研究是沒有差異的，不外乎都是要經歷下列的歷程：觀察→產生問題→研究假設→設計實驗→執行實驗→分析詮釋結果→發展理論。

　　典型的心理學實驗需要實驗參與者在螢幕前針對所呈現的刺激材料進行反應，根據實驗參與者的反應時間及正確率來推測心智行為的運作歷程。隨著科技的進展，現在的心理學實驗可能不單純記錄實驗參與者的反應時間及正確率，也可能會記錄腦內的活動（利用功能性磁振造影等儀器設備）、生理反應（例如心跳、血壓、皮膚電位變化）等等的指標。再者，為了增進研究的生態效度，有愈來愈多的心理學實驗是在真實情境中進行的，而非要求實驗參與者要坐在電腦前面進行。不論使用哪一種研究方法，只要研究需要精確的呈現刺激材料（呈現多長時間或是呈現在某個特定的位置）或是精確的記錄反應時間，就會需要電腦的輔助。

　　有別於早期的心理學系學生都要自己學不同的程式語言來撰寫程式，現在有相當多不同的公司都推出適合撰寫心理實驗程式的軟體。比較知名的有E-Prime、Superlab、DMDX、Inquisit 等，其中除了 DMDX 是免費的軟體外，其他的軟體都是需要付費的。除了這些專門為了心理學實驗而開發的軟體外，一些原始的程式語言（例如 C 語言等）也是可以用來開發心理學實驗的，只是可能需要有較深厚的程式撰寫能力。本書要介紹的是 E-Prime 這個軟體，因為 E-Prime 在使用上進入門檻較低，又可以加入進階的程式碼來完

成較複雜的設定；除此之外，E-Prime 也提供了一些儀器的外掛程式，讓使用者做研究可以更有彈性。

　　一般心理系的學生聽到要寫程式第一個感覺都是害怕，但很多學過 E-Prime 的同學後來都會發現，真正面臨到的問題其實都不是在程式的部分，而是在實驗設計的部分。因此本書在介紹程式語法的同時也會伴隨實驗設計的內容，讓讀者可以更有撰寫程式的自主性。

本書的規劃

　　本書的目的不是要取代 E-Prime 的使用手冊，而是讓需要使用 E-Prime 的讀者能夠更容易入門，一旦熟悉了基本的操作，未來不論是參考使用手冊或是網路上相關的資源，都能夠事半功倍。為了因應不同程度的使用需求，大多數的章節都會分成基本和進階兩個部分（通常放在註腳），讓讀者自行決定要學習到哪個程度。

　　工欲善其事，必先利其器，因此在第二章會先介紹 E-Prime 的使用介面，讓讀者知道 E-Prime 中有哪些基本的功能可以使用。當然除了基本的功能外，使用者可以自行撰寫程式來完成更進階的功能，這個部分會在第十章開始做介紹。為了建立讀者寫程式的自信心，在第三章會用淺顯易懂的方式說明一個最基本的程式有哪些組成的元素，並且介紹一個最簡單的例子，讓讀者知道用 E-Prime 寫程式一點也不難！

　　在瞭解最基本的呈現撰寫方式後，第四章至第六章分別針對實驗的不同基本元素做進一步的介紹，由簡單到複雜，讀者可以視自己的需求選擇性閱讀。

　　第七章介紹的是 Nested 功能，這個部分雖然不難，但對於很多沒有程式背景的使用者卻是一個障礙，因為程式不再是那麼直觀的。在這個章節，我會利用圖解的方式讓讀者瞭解 Nested 功能的運作方式，突破學習的門檻。

前七章的內容就已經足以應付一般大二學生在心理學實驗法撰寫程式所需要的知識（第十一章會介紹一些經典心理學實驗程式的寫法），在第八章則會介紹要如何分析結果，因為這也是相當重要的一個環節。在介紹分析結果的同時也會呼應程式撰寫時需要注意的細節，寫程式的一個小疏失可能會造成結果沒有辦法分析，或是要做很多的後續程序才能完成分析，這些時間其實都是可以省下來的。

第九章開始會介紹 Inline 的語法，只要掌握基本的規則，即使沒有深厚的程式設計基礎，也能夠輕鬆的上手。使用者在面對 Inline 時最大的問題是不清楚要程式為自己做什麼事情，一旦想清楚了，其實撰寫的部分不是最困難的。在第十章，會用實際實驗的例子來協助讀者思考 Inline 有哪些應用的可能性。

第十一章會介紹一些經典的心理學實驗，也會附上範例的程式，讓不想按部就班學寫程式但又真的有需求的讀者，可以用簡單的方式修改並完成自己的實驗程式。第十二章則會介紹一些 E-Prime 有趣的應用，誰說心理學實驗只能無趣的讓實驗參與者盯著螢幕打瞌睡，其實也可以是遊戲！

附錄一介紹相關的網路資源，包含 E-Prime 程式的寫作及製作刺激材料時可以參考的資源。附錄二列出使用 E-Prime 常見的問題與解答。

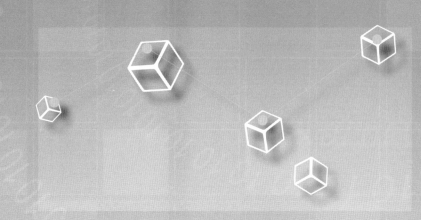

第二章
簡介 E-Prime 的介面

本章介紹

· E-Prime 的介面

本書的介紹會以 E-Prime 2.0 版的介面來做說明，但大致上和 E-Prime 1.x 沒有太大的差異（安裝的部分就不在此說明）。在安裝好 E-Prime 之後，從螢幕的左下角，按下程式集就可以找到 E-Prime2.0，把 E-Prime2.0 這個資料夾開啟，就會看到如圖 2-1 的畫面，此時只要按下 E-Stuido 即會開啟 E-Prime 這個程式。

圖 2-1　　從程式集打開 E-Prime 資料夾所看到的畫面

點選 E-Studio 之後，就會看到圖 2-2 的畫面，若你所使用的 E-Prime 是 Professional 的版本，開啟 E-Studio 時會被詢問要開啟哪一種檔案，建議直接選取 Blank Standard 即可 [01]。

---

[01] Professional 版本主要是在用 Inline 撰寫程式語言時有較多的輔助工具，基本核心的功能和 Standard 版本並沒有差異。

E－Prime
第一次用就上手

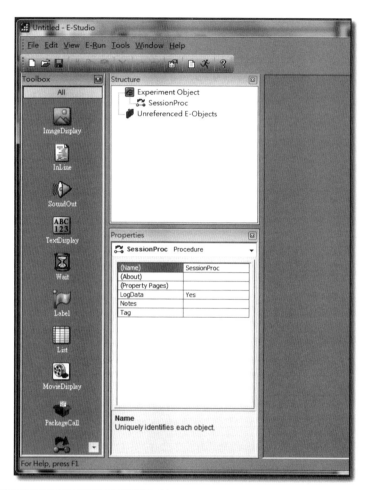

圖 2-2　點選 E-Studio 之後會看到的畫面

　　在工具列上需要特別介紹的是 View，點選 View 之後會看到下拉的選單，如圖 2-3 所示。

010

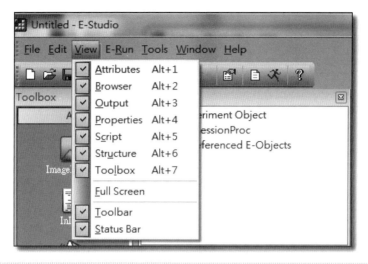

圖 2-3　點選 View 之後會看到的下拉選單

　　以下分別針對每一個選項做介紹，圖 2-4 中數字 1 所標示的區域就是所謂的 Attribute，這個區域可以用快速鍵（Alt＋1）來控制其顯示及隱藏。在這裡會列出程式中所有定義的變數（Attribute），這個功能在撰寫複雜的程式時較有需要，可以協助寫程式的人瞭解自己用過哪些變數，有助於變數的命名。更有用的功能是在數字 1 所標示的區域按滑鼠右鍵，勾選 Show Duplicate 的選項，則可以看到變數是在程式的哪一個段落做設定的，方便日後的修改 [02]。

　　圖 2-4 中數字 2 所標示的區域就是所謂的 Browser，這個區域可以用快速鍵（Alt＋2）來控制其顯示及隱藏。Browser 會列出在程式中所有透過拖曳而產生的物件（就是在 Toolbox 數字 7 中的項目），同時顯示這個物件的名稱、類別以及是否已經被選用（referenced）。利用 Browser 可以檢查是否有重要的物件還沒有被引用到程式中，此外也可以在 Browser 來拷貝、刪除物件。

---

[02] 變數的命名很重要，在後面的章節會再進行說明。

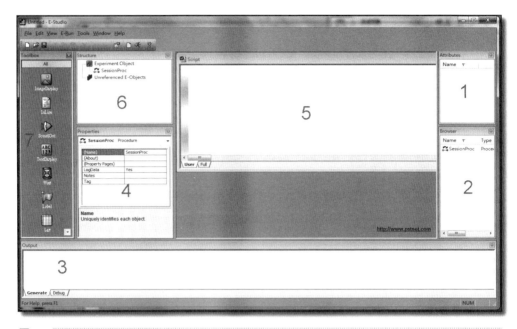

圖 2-4　　E-Prime 中不同的功能區塊

　　圖 2-4 中數字 3 所標示的區域就是所謂的 Output，這個區域可以用快速鍵（Alt＋3）來控制其顯示及隱藏。Output 在撰寫程式的時候不會使用到，只有在寫好要產生執行檔的時候才會需要，以及當程式執行有錯誤時會需要。對於不熟悉寫程式的人在看到錯誤訊息時通常會惶恐，而快速地關閉程式，但其實不需要過度的緊張，而需要檢視到底錯在哪邊。E-Prime 就會透過 Output 來告知使用者，程式有錯誤的第一個地方在哪，以及給予錯誤訊息的代號。當然有時候不是那麼容易找到錯誤，就要靠使用者自己重複檢查。

　　圖 2-4 中數字 4 所標示的區域就是所謂的 Properties，這個區域可以用快速鍵（Alt＋4）來控制其顯示及隱藏。這是在撰寫程式中最常需要的資訊之一，在 Properties 會顯示目前針對物件的設定值，每一行的最右端都可以用滑鼠點選，點選後可以針對每一行的項目做設定。建議在寫程式的過程中總是顯示這個區塊，方便針對不同項目做設定，也可以透過不同元素的屬性

按鈕 ![] 做設定。

　　圖 2-4 中數字 5 所標示的區域就是所謂的 Script，這個區域可以用快速鍵（Alt＋5）來控制其顯示及隱藏。這個區塊可以分為 User 及 Full 兩個部分，其中 Full 是由 E-Prime 本身所產生的程式碼，沒有辦法做修改，僅能夠檢視程式碼。在 User 的部分則可以自行修改，這個部分在第九、十章會做介紹。

　　圖 2-4 中數字 6 所標示的區域就是所謂的 Structure，這個區域可以用快速鍵（Alt＋6）來控制其顯示及隱藏。這個部分是顯示了程式的架構，一打開程式內定的架構就是會有一個 SessionProc，在這個程序上的物件會依序的呈現在程式當中。因此在撰寫程式的過程，如果從 Toolbox 直接拖曳到這裡，就可以把 Toolbox 的元素寫入程式中。

　　圖 2-4 中數字 7 所標示的區域就是所謂的 Toolbox，程式中需要的元件都要從這邊拖曳到數字 6 的區域，之後進行設定。

　　其他的部分有些和大家習慣使用的 Windows 介面功能相同，有些則是之後才會需要用到的功能，就不在此一一做介紹。下一章就要開始介紹程式的撰寫了！

小訣竅

1. 在使用的過程中若不慎移動了 E-Prime 內小視窗的位置，可以用拖曳的方式變更位置，但若想省去麻煩，可以先把所有視窗在 View 選單下都不做勾選，再把所需要的視窗做勾選（設定為顯示），視窗就會回到預設的位置了。

2. Tools 選單內，有個 Option 的選項，可以針對 E-Prime 程式做一些設定，例如多久檢查更新程式、預設儲存檔案的路徑等等，大家可以視自己的需求來選用。

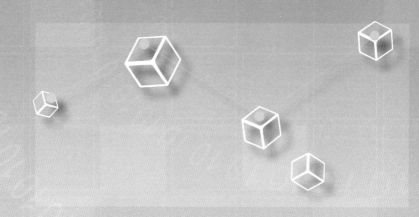

第三章
寫第一個程式

本章介紹

- 所有程式語言的第一課「Hello World」
- 基本程式的撰寫

這個章節會帶讀者從無到有，寫出的一個程式。章節中會用循序漸進的方式，讓讀者可以累積自己的信心，不再害怕寫程式。

所有程式語言的第一課「Hello World」

在學習任何程式語言時，通常會讓使用者寫一個 Hello World 的程式，就是讓程式可以呈現 Hello World 這個字樣。接下來就會教大家該如何寫出讓電腦可以呈現 Hello World 字樣的程式；在 E-Prime 中若要呈現文字，就要從 Toolbox 中拖曳一個 TextDisplay 到 SessionProc 中，如圖 3-1 所示。

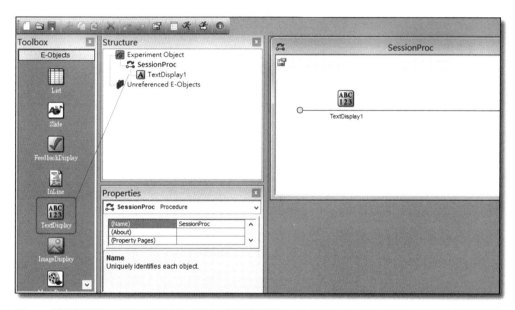

圖 3-1　將 TextDisplay1 新增至 SessionProc

在完成這個動作後，程式已經知道你要呈現一個畫面了，但你需要告訴程式，你要呈現的字樣為何。此時，你只需要點選 TextDisplay1 兩下，就會看到圖 3-2 的畫面，在空白的區域打入 Hello World，這樣就可以了。

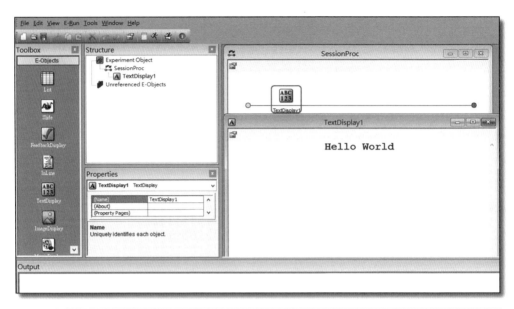

圖 3-2　在 TextDisplay1 中新增文字

接下來需要進行存檔的動作,請參考圖 3-3,按下像磁碟片的圖樣,就可以進行存檔。存檔後必須將程式轉化為程式碼才可以執行,此時需要按下 按鍵[03],若沒有跳出錯誤訊息,顯示程式碼已經成功的產生(程式3-1)。

恭喜各位已經寫好了第一個 E-Prime 程式,此時按

圖 3-3　存檔及轉化為程式碼

---

[03] 雖然按下紫紅色小人也會產生程式碼,但按下紫色小人會直接執行實驗程式,有時候容易當機,因此建議先確認程式碼的產生沒有問題後,再按紫色小人執行實驗程式。

下 ⚒ 按鈕，會跳出要輸入實驗參與者 id 及 session number[04]的訊息，都可直接輸入 1，接著確認 id 及 session number 正確無誤，程式就會開始執行。螢幕上會看到 Hello World 短暫出現，然後就會跳回原本的畫面。

寫一個比較像實驗的程式

剛剛 Hello World 的例子雖然容易，但實際上使用 E-Prime 寫程式不會僅用來呈現刺激材料，況且是只呈現兩個英文字，否則只要用其他軟體就可以完成這個任務了。

首先，大家要思考一下一個實驗需要包含哪些元素，若各位有參與過心理學的實驗，可能會知道一個實驗至少包含：

1. 指導語。
2. 練習階段。
3. 正式階段。

修改畫面呈現時間

指導語會告訴實驗參與者實驗的程序及該如何做反應，通常會呈現很久，甚至是必須要按鍵後才會跳到下一個畫面。在 E-Prime 中要做這類的設定其實非常的簡單，沿用之前的 Hello World 的例子，請在 TextDisplay1 上連續點兩下，會看到如圖 3-2 的畫面，在畫面的左上方有個設定屬性的按鈕 🖼，按下去後會看到如圖 3-4 的畫面。透過這個畫面上的選單可以針對 TextDisplay1 的屬性做設定，其實除了 TextDisplay 之外，ImageDisplay 及 Slide 都是透過同樣的方式來做屬性設定的。

---

[04] id 在實驗中是相當重要的，可以藉此區分不同實驗參與者的資料；session number 則是對於要多次施測同一個程式的實驗才有其必要性，多數的情形，實驗參與者都只會做同一個程式一次，session number 輸入什麼數值，沒有什麼影響。

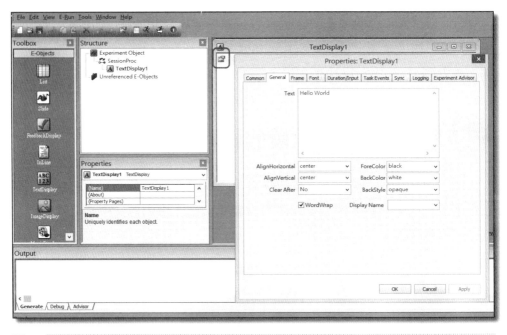

圖 3-4　　設定 TextDisplay1 的屬性

　　要請各位點選 Duration/Input 這個分頁，點選後會看到如圖 3-5 的畫面，若要設定呈現時間為 10 秒，則要把 Duration 改為 10000（以毫秒〔ms〕為單位），這個部分可以用下拉式選單或是點選該框後，直接用鍵盤輸入都可。

　　若不想設定呈現時間，而是想要設定在實驗參與者做了反應後跳到下一個畫面，則必須把 Duration 設為 (infinite)（用下拉式選單選擇）。另外要在左半邊 Input Masks 下 Device(s) 的選項中新增一個項目，建議可以新增一個 Keyboard 作為練習（也可以新增滑鼠、E-Prime 反應盒等其他的裝置）。在新增 Keyboard 後會看到畫面右半邊的選項出現了一些改變，如圖 3-6 所示，為了不讓示例變得太複雜，請大家不要做任何的變動，僅須按下 OK 按鍵。第五章會針對反應輸入的設定做進一步的說明。

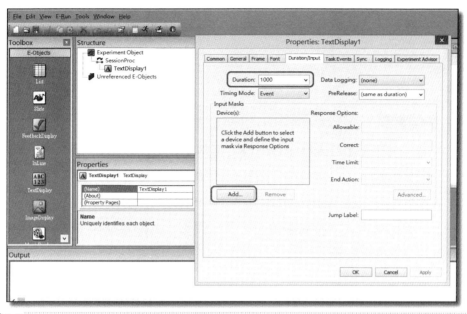

圖 3-5 設定 Duration/Input

圖 3-6 新增 Device 後的畫面

現在要請大家存檔，並且重新產生程式碼（程式 3-2），這次應該就會發現 Hello World 會一直呈現在畫面上，但只要按下鍵盤的任何一個鍵，就會結束程式。

設定多個嘗試

不論是在練習階段或是正式階段，通常都會有很多嘗試，很少有實驗僅包含一個嘗試的，所以這裡要介紹該如何加入很多的嘗試。要達成這個目的當然可以拖曳很多個 TextDisplay 到 SessionProc，但這樣的做法是非常不聰明的，不僅在寫程式的時候麻煩（必須針對每一個畫面分別去做設定），分析資料的時候會更麻煩。

一般而言，一個實驗中只會有兩種嘗試，第一種是在練習階段使用的，會給予實驗參與者回饋（回饋的設定會在第六章做介紹）；第二種是在正式階段使用的，不給予實驗參與者回饋。當然因為實驗的屬性，有些實驗可能會有更多種的嘗試，即使如此，每種類型的嘗試也不可能只做一次，所以都不該用拖曳 TextDiplay 等的方式來達成此目的。

正確的做法應該是要先把一個 List 拖曳到 SessionProc（如圖 3-7 所示），接下來要把一個 Procedure 拖曳到 Unrefereced E-Objects，因為不能夠直接拖曳到 SessionProc！

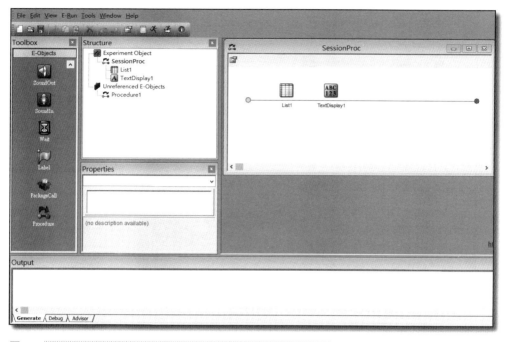

圖 3-7　　加入 List 和 Procedure

　　在 List1 的圖樣上點兩下會看到如圖 3-8 的畫面，此時要請大家在 Procedure 這個欄位利用下拉式選單把將 Procedure1 做選取，選取後在 List1 的其他地方做點選，就會看到一個視窗，詢問你是否要把 Procedure1 作為預設值，直接按確定即可。此時，Procedure1 就會從 Unreferenced E-Objects 移到 SessionProc。

　　假設在每個嘗試中，我們希望實驗參與者先看到一個十字的凝視點，然後看到一個數字，他必須判斷這個數字是奇數或是偶數，在按鍵判斷後就會跳到下一個畫面。我們首先將兩個 TextDisplay 拖曳到 Procedure1（因為是第二、第三個被拖曳的 TextDisplay，所以程式會自動命名為 TextDisplay2 及 TextDisplay3），如圖 3-9 所示。

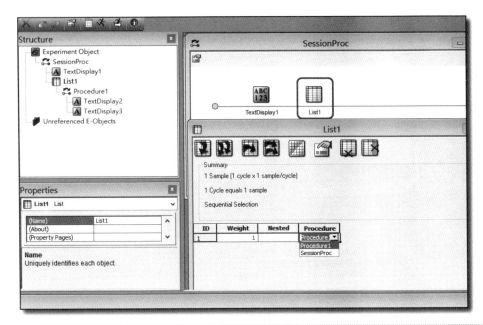

圖 3-8　設定 List 屬性

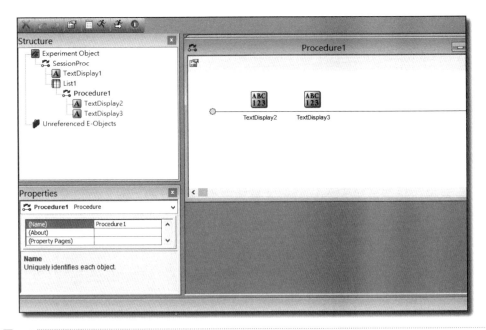

圖 3-9　設定 Procedure1

　　假定我們想要將 TextDisplay2 當作凝視點的畫面，僅需要在 TextDisplay2 上點兩下，並在空白的區塊輸入一個加號「＋」即可，如圖 3-10 所示。若沒有做任何的修改，TextDisplay2 會呈現 1000 毫秒，並且不會接受任何的按鍵反應。一般而言凝視點不會呈現那麼長的時間，所以建議可以透過 TextDisplay2 屬性設定中 Duration/Input 分頁，將 Duration 修改為 200-500 毫秒內的呈現時間，可以參考圖 3-5 的設定。

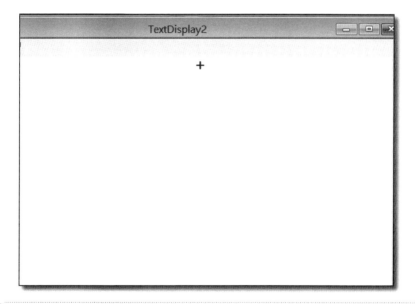

圖 3-10　設定 TextDisplay2

　　有別於凝視點，TextDisplay3 要呈現的數字，若我們仿造輸入十字的程序輸入一個數字，則每一個嘗試都會看到同樣的數字，這樣就麻煩了。若每一個嘗試要呈現不同的數字，則必須定義一個變數，然後在 List1 針對變數去做設定，如此一來就不會每個嘗試都看到同樣的數字了。在 E-Prime 中要設定變數，就是用中括弧加上英文字為首的名稱（例如：[number]），可以都用英文，也可以由英文為首再加上數字，但不可以沒有英文僅有數字，也

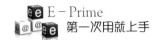

不能用數字為首來做命名。如圖 3-11 所示，我們在 TextDisplay3 用 number 這個變數來呈現要讓實驗參與者看到的數字。

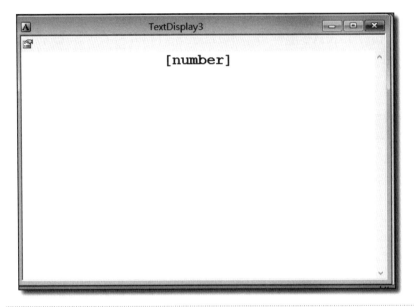

圖 3-11　設定 TextDisplay3 中的變數

又因為實驗參與者需要針對看到的數字做判斷，所以我們要修改 TextDisplay3 的屬性，將 Duration 改為 (Infinite)，新增 Keyboard 為按鍵。假設我們希望實驗參與者看到奇數時按 f 鍵、看到偶數時按 j 鍵，則在 Allowable 要輸入 fj（不要用大寫，若用大寫 FJ，則實驗參與者必須按下 Shift＋F 才算有按按鍵！）。

另外需要設定正確答案，程式才能夠幫我們記錄實驗參與者是否正確的答題。大家可以聯想我們設定數字為變數的邏輯，就應該可以想到答案也可以用變數來做設定，否則每一題的正確答案都會是相同的。在這裡我們用 ans 這個變數來設定每個嘗試的正確答案。請參考圖 3-12 的圖示。

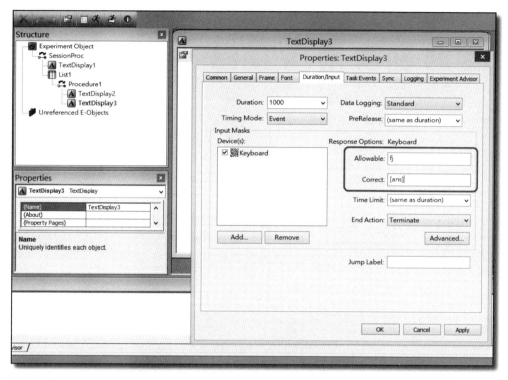

圖 3-12 設定 TextDisplay3 的反應

　　完成在 Procedure1 的設定後，我們必須回到 List1 做一些修改；首先，我們必須在 List1 中加入剛剛已使用到的變數（E-Prime 程式中會以 Attribute 來稱呼這些變數）。因為剛剛我們設定了 number 及 ans 這兩個變數，所以就需要新增兩個欄位，在 List1 的左上角有一些圖示，請選擇有兩個箭頭向右的那個按鈕 [圖示]，告訴程式你要加入兩個 attribute。完成後直接在 Attribute 上方點兩下就可以重新命名，我們需要把 一個命名為 number、一個命名為 ans（請注意大小寫，要與 TextDisplay3 中的變數一模一樣，否則程式可能會沒有辦法執行）。參考圖 3-13。

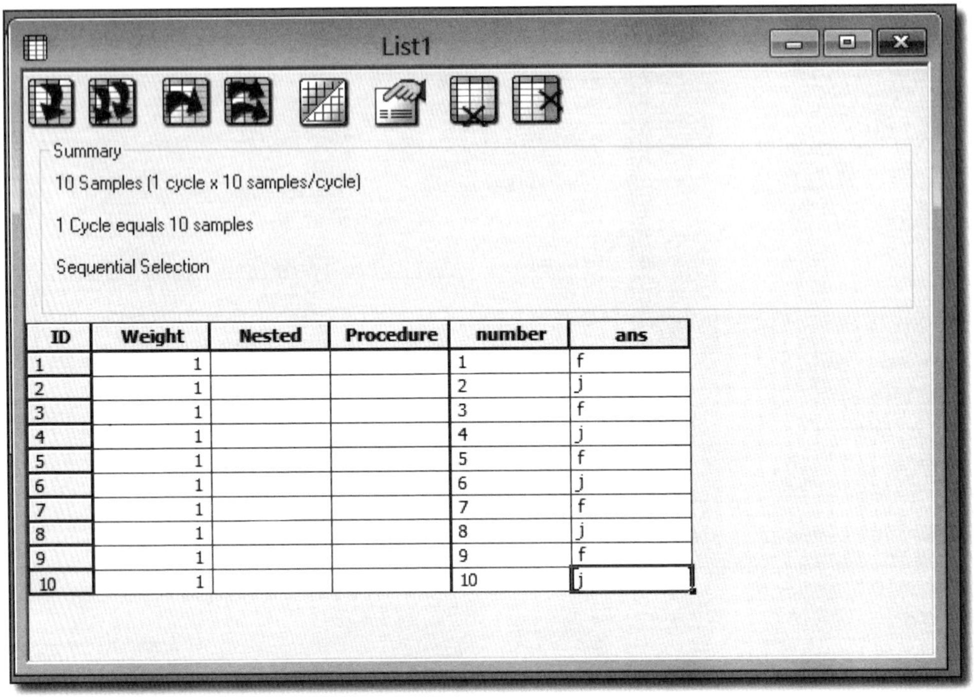

ID	Weight	Nested	Procedure	number	ans
1	1			1	f
2	1			2	j
3	1			3	f
4	1			4	j
5	1			5	f
6	1			6	j
7	1			7	f
8	1			8	j
9	1			9	f
10	1			10	j

圖 3-13　設定 List1 的內容

此時若我們將程式存檔，然後執行會有兩個問題：首先，我們並沒有告訴程式要呈現哪個數字，也沒有設定正確答案為何；再者，我們目前只設定了一個嘗試。要如何讓程式知道要呈現什麼數字，就需要在 number 下面的那個空格輸入一個數字；同理，要設定正確答案，就是在 ans 下面那個空格輸入正確答案。假設我們設定數字為 10，則答案要設定為 j，如此一來若實驗參與者看到數字後按下 j 這個按鍵，系統就會標記實驗參與者答對了！

再來，我們需要讓這個程式多一些嘗試，這個時候請按下左上方有兩個箭頭往下的那個按鈕 ，並且輸入 9，這樣的動作會增加 9 行。請參照圖 3-13 將數字及正確答案填滿。

寫到這邊我們大致上就完成了，請大家存檔，並且轉化程式碼（程式

3-3）。理論上大家會依序看到 1,2,3,...,10 這些數字。

設定隨機呈現

　　在實驗過程中，我們通常不希望刺激材料是依序呈現的，我們希望用一個隨機序列的方式來呈現。要設定為隨機呈現則需要按下在 List1 中有隻小手的那個圖示，按下後會看到圖 3-14 的畫面，請選擇 Selection 這個分頁。在 Order 那邊用下拉式選單選擇 Random，然後按下 Apply 就可以了。此時可以將程式存檔，再轉化程式碼一次（程式 3-4），就會發現數字不是由小至大呈現了。

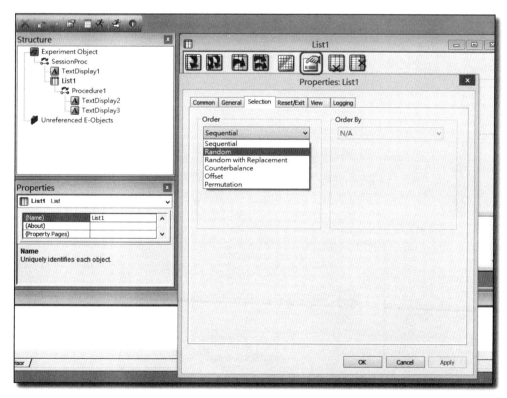

圖 3-14　設定 List1 隨機呈現

小結

若你讀到這邊，表示你已經懂得如何用 E-Prime 來寫最簡單的程式了，若你有其他程式的基礎，你應該就能夠開始用 E-Prime 來撰寫程式了。若你從來沒有寫過程式，也沒有關係，接下來的章節會介紹其他細部的設定，讓你能夠掌握 E-Prime。

章節挑戰

1. 請用 E-Prime 寫一個判斷數字大小的程式，但實驗的前半部，數字必須是由小至大依序呈現；實驗的後半部，數字必須是隨機呈現的。

   提示 可以用兩個不同的 List，雖然從實驗參與者的角度並不會察覺有差異。

小訣竅

1. E-Prime 程式執行後若要中止，需要同時按下 Ctrl、Alt、Shift 這三個按鍵，程式就會知道你需要中止程式。在 Windows Vista 以後的微軟系統，都需要透過鍵盤按下微軟視窗鍵，選擇 E-Prime 程式執行的那個視窗，看到如下圖的畫面，按下確定，才算完成中止程式的程序。

2. 任何由 Toolbox 拖曳至 SessionProc 的元素，都可以在 Browser 視窗下，透過 Ctrl + C 及 Ctrl + V，複製一個一樣設定的元素（系統會自動更名）。

第四章
刺激材料的呈現

本章介紹

・E-Prime 刺激呈現基本原則
・呈現不同的刺激材料

在第三章中，大家已經學會如何呈現文字，但其實 E-Prime 還可以呈現圖片及聲音，而且可以同時呈現多個不同的刺激材料，這個章節會針對刺激材料的呈現做介紹。

在介紹如何呈現不同的刺激材料前，我們要先告訴大家如何設定 E-Prime 呈現的解析度，如圖 4-1 所示，在 Experiment Object 上點兩下，就會跳出一個畫面（Properties: Experiment Object Properties），請選擇 Devices 這個選項。在 Display 上方點兩下，就可以設定螢幕的解析度了，這個部分可以視不同的需求來做設定。過去螢幕大多為 4:3，但現在的螢幕大多為 16:9，設定解析度時大家要考量自身螢幕的比例，以免刺激材料失真。

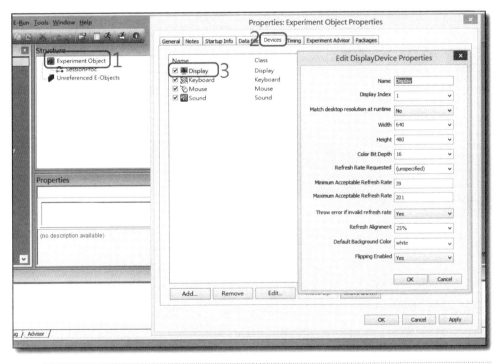

圖 4-1　設定螢幕解析度

假設我們將螢幕設定為 1024×768，螢幕的最左上角的座標為（0,0）、螢幕最右下角的座標為（1024,768）。在設定刺激材料時，有時候會需要設定座標，所以先提醒大家在 E‑Prime 中螢幕的中央並非為（0,0）。

另外一個需要考量的是螢幕的 Refresh Rate，這個要參考顯示器的設定 [05]；所謂的 Refresh Rate 就是一秒內螢幕會更新幾次，若 Refresh Rate 為 100，則表示每一秒螢幕會更新 100 次，每次所需要的時間為 10 毫秒。在這樣的設定下，刺激材料的呈現就要以 10 毫秒或其倍數來做設定，否則會有刺激材料呈現的誤差，當刺激材料呈現時間愈短時，對誤差會有愈大的影響。例如在這樣的設定下，若設定刺激材料呈現為 15 毫秒，則會有嚴重的誤差；但若設定刺激材料為 10 或 20 毫秒，則僅會有些許的誤差。

呈現文字刺激

在第三章的範例中，我們並沒有教大家改變任何文字的設定，但其實在 E‑Prime 中是可以針對顏色、字型、大小等等做設定，大概除了不能用類似 Office Word 中的文字藝術師外，其他的設定都是可以完成的。

設定呈現的範圍

在介紹如何更改文字相關的設定前，要先告訴大家 E‑Prime 是怎麼將文字刺激呈現在畫面上的。首先，要請大家將一個 TextDisplay 拖曳到 SessionProc，然後按下左上方的按鈕來修改 TextDisplay1 的屬性。請選擇 Frame 的分頁（如圖 4‑2），上方 Size 的部分，可以用百分比或是用數字做設定，若只用數字時就是以 pixel 為單位。

---

[05] 在 Display 下雖然可以針對 Refresh Rate 做設定，但還是要以螢幕本身的設定值為準，以避免呈現刺激材料時發生誤差。

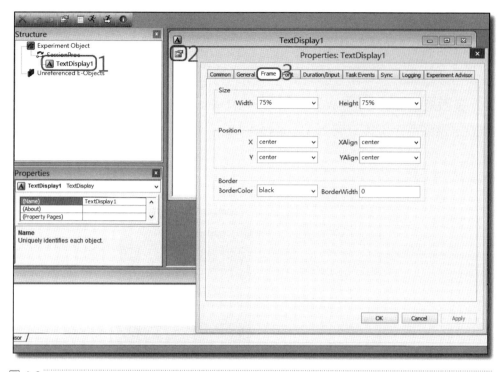

圖 4-2　設定 Frame 的大小

　　預設值是 Width 和 Height 都為 75%，也就是說這個 TextDisplay1 在長及寬都占了螢幕的四分之三。若將 X 和 Y 都改為 50%，TextDisplay1 就會只占螢幕（長寬各占一半）總面積的四分之一，其餘的部分會是背景色[06]。

　　下方 Position 的部分則是可以設定要把 TextDisplay1 放在螢幕的什麼位置，X 和 Y 分別定義在螢幕上的 X 和 Y 軸的座標，可以用百分比或是用數字做設定，若用數字則是以 pixel 為單位。

　　XAlign 和 YAlign 則表示是用 TextDisplay 的哪一個位置去對上 X 和 Y 所定義的座標。預設值中 X、Y、XAlign、YAlign 都是設定為 center，也就

---

[06] 預設的背景色為白色，可以在修改 Device 時（參考圖 4-1 設定的步驟），將 Display 的背景色改為別的顏色。

035

是說會把 TextDisplay1 的中央位置放在螢幕中央。

　　若我們將 XAlign 改為 left，則是將 TextDisplay1 的左邊放在螢幕的中央，所以畫面的左半邊會是背景色。請執行程式 4-1 來做測試，在程式 4-1 中，畫面上會呈現 Hello World 五秒鐘，因為我們將背景的顏色設定為黑色、字設定為紅色，然後只將 XAlign 改為 Left。執行後你會看到如圖 4-3 的畫面。

圖 4-3　　程式 4-1 執行後呈現的影圖像

　　程式 4-2 的範例中針對 TextDisplay 做不同的設定，圖 4-4 中可以看到程式 4-2 中不同 Frame 的設定和螢幕上看到的對照畫面。

　　在 Frame 分頁中最下方的 Border，則是可以針對 TextDisplay 邊框的大小及顏色做設定。當 Size 的 Width 和 Height 都設定為 100% 時，修改 Border 的設定是沒有意義的。

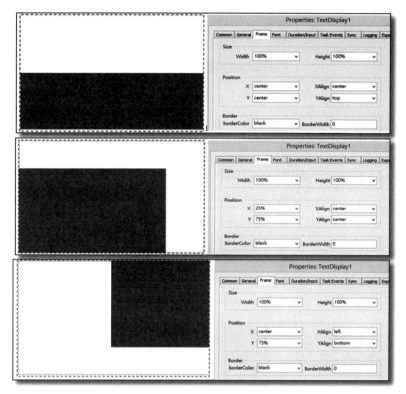

圖 4-4　程式 4-2 中不同 Frame 設定和其對應的影像

設定呈現的內容

　　要請大家大家將一個 TextDisplay 拖曳到 SessionProc，然後按下左上方的按鈕來修改 TextDisplay1 的屬性。請點選 General 的分頁，在 Text 的部分，可以直接輸入要呈現的文字，也可以利用變數的設定來呈現文字（如圖 4-5 則是用 [number] 來設定題號）。

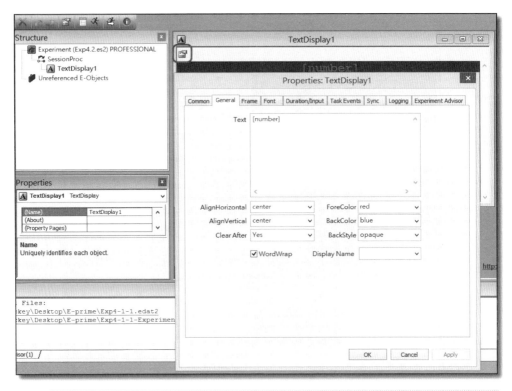

圖 4-5　設定 TextDisplay1 一般的屬性

　　下方的 AlignHorizontal 是設定文字在整個畫面中的 X 軸要如何對齊，預設值是將文字放在 X 軸的中央，除了下拉式的選項外，也可以輸入數字，則是以 pixel 為單位；同理 AlignVertical 則是針對 Y 軸做設定。在下方 Clear After 則是設定 TextDisplay1 呈現後是否要將畫面清除，當所有的畫面 Size 的 Width 和 Height 都設定為 100% 時，這個選項的設定影響不大。但是若 TextDisplay1 設定為 100%，而之後畫面的 Width 和 Height 設定為 50%，則在看到後續畫面時，TextDiplay1 還是會被看到，所以建議要永遠選擇「Yes」[07]。

---

[07]　Clear After 只會針對前景呈現的內容做清除，所以若 BackColor 有更改時，即使已勾選 Clear After，只要新的物件無法完全蓋住舊的物件，則也會有殘存的顏色留在畫面。

　　右方的 ForeColor 是設定前景的顏色，可以用下拉式選單，或是可以輸入顏色的 R,G,B 值（直接輸入數字即可，例如白色為：255,255,255）；BackColor 則是設定 TextDisplay1 背景的顏色[08]。Backstyle 則是設定背景顏色是否會被看到，選擇預設值 opaque（不透明）時，會看到 BackColor 所設定的顏色；若選擇 transparent（透明）時，則會看到白色，也就是螢幕預設的背景色；建議除非必要不要選擇 transparent。請參考表 4-1 的說明。

表 4-1　Frame 尺寸不設定為 100% 時的顏色設定及結果（假設背景色為綠色、ForeColor 為黑色）*

BackStyle＼BackColor	紅色	白色
Opaque	Test	Test
Transparent	Test	Test

* 畫面上虛線的框都是不存在的，僅為了讓大家瞭解有邊界的存在。較深色的部分為紅色，較淺色為綠色。

---

[08] 若 TextDisplay1 Size 的 Width 和 Height 並非占滿螢幕時，會在 TextDisplay1 沒有占據的區域看到背景色。

　　從表 4-1 可以發現，當 BackStyle 設定為 Transparent 時，BackColor 即使設定為不同的顏色，最後成果是相同的，因為背景色都不會被看到。另外值得注意的是，因為背景色預設為白色，若 BackColor 也設定為白色時，其實不容易察覺原來畫面有可能並非占滿整個螢幕，需要特別注意。

　　最後 WordWrap 則是設定是否要讓 E-Prime 自動幫你將文字換行。圖 4-5 中，我們將 ForeColor 改為 red、BackColor 改為 blue，所以會看到藍底紅字的畫面。

　　在 Font 這個分頁可以針對文字的字型、大小等做設定，因為這和一般軟體的定義都相同，就不另外做介紹。

呈現圖片刺激

　　在 E-Prime 中要呈現圖片有兩種方法，一種是用 ImageDisplay，另一種是用 Slide（也可以用來呈現文字），我們先介紹用 ImageDisplay 的方式來呈現圖片。首先要請大家將 ImageDisplay 拖曳到 SessionProc，此時就會看到如圖 4-6 的畫面。按下左上方的按鈕，會看到圖 4-7 的畫面，就可以針對圖片的屬性做設定。

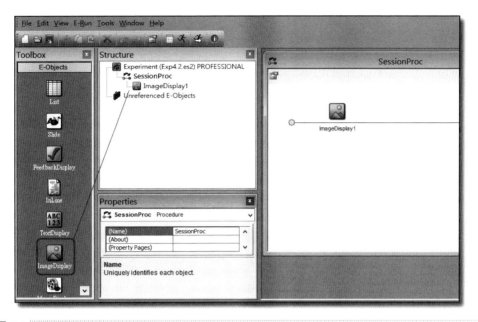

圖 4-6　拖曳 ImageDisplay 到 SessionProc

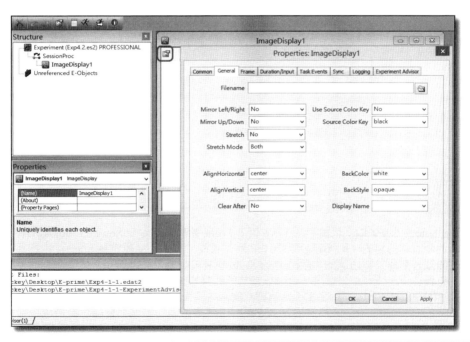

圖 4-7　設定 ImageDisplay1 的屬性

　　屬性設定的部分基本上和 TextDisplay 相同，除了在 General 這個分頁上多了一些選項。在 Filename 的部分必須設定一個檔名，或是設定一個變數。Mirror Left/Right 的選項是會將圖片左右顛倒，Mirror Up/Down 則是會將圖片上下顛倒。Stretch 的部分則是設定是否要將圖片調整為和 ImageDisplay1 的 Size 同尺寸 [09]。上述三個功能的設定預設值都是 No，其實一般情境下也確實不需要這些功能。在右邊的 Source Color Key 功能較為複雜，請參考附註的說明 [10]。

　　另外一個提醒大家可以做設定的為 Duration/Input 分頁下 PreRelease 的選項，這個選項在 TextDisplay 屬性分頁下也有，主要的功能是先將要呈現的刺激材料暫存在緩衝區，以免之後呈現時造成延滯。文字通常檔案較小，所以不設定通常也不會有影響 [11]；但圖片的部分會建議可以設定 100-200，以毫秒為單位。

 ## 利用 Slide 呈現多個不同的刺激

　　在實驗中有時候需要呈現多個刺激，一種做法是把這些刺激利用別的軟體合併為一張圖片，但這樣的做法耗時，有時候也不符合實驗的需要，例如要隨機呈現兩張圖片，讓實驗參與者判斷哪一張圖片比較大時，就不適合用

---

[09] 若圖片較 frame 的尺寸大，則會縮小至與 frame 同樣大小；若圖片較 frame 的尺寸小，則會放大至與 frame 同樣大小。縮放並非等比例的，而是將圖片縮放至與 frame 同樣的大小。

[10] Use Source Color Key 若設定為 Yes，則 E-Prime 會將圖片中有 Source Color Key 設定的顏色轉變為透明的，例如若設定為 Yes 且 Source Color Key 設定為 black，則圖片中黑色的部分都會變為透明的，同時 BackStyle 也要設定為 transparent。這個功能在要將圖片重疊在一起時會相當實用。這個設定功能和只把 BackStyle 設定為 transparent 不太相同，因為 BackStyle 的設定並不會讓圖片的某些區塊變為透明的，而是當 ImageDisplay1 Size 的 Width 和 Height 沒有設定為 100% 時，未占滿的區域都會顯示為白色。通常搭配 Slide 才會使用 Source Color Key 的設定。

[11] 但若 Refresh Rate 的設定和刺激材料呈現時間不能配合，則也是會有呈現上延滯的問題。

這樣的方式。這個時候我們就會需要使用 Slide。首先請拖曳一個 Slide 到 Session Proc，然後在 Slide1 上方點兩下，就會看到如圖 4-8 的畫面。

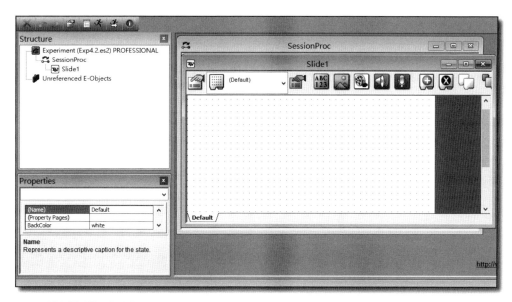

圖 4-8　Slide 的選項設定

　　圖 4-8 上方可以看到有很多選項，從最左邊開始， 就是可以增加一個 TextDisplay 的元素、就是可以增加一個 ImageDisplay 的元素、就是可以增加聲音的元素[12]。其他的功能暫時先不做介紹。另外一個要請大家注意的，就是在屬性圖示　　左邊的下拉式選單，建議初學者多利用這個選單來選擇要設定哪一個元素的屬性。

　　現在要請大家按　　，然後在 Slide1 空白的區域上再按一下，就會產生 Text1 這個元素，在那個下拉式選單就可以看到有新增了一個 Text1 的選項。另外要請大家按一下　　，同樣的在 Slide1 空白的區域上再按一下，就會產

---

[12] 聲音的部分會在下一個段落做介紹。

生 Image1 這個元素，此時下拉式選單會增加一個 Image1 的選項，請參考圖
4-9。

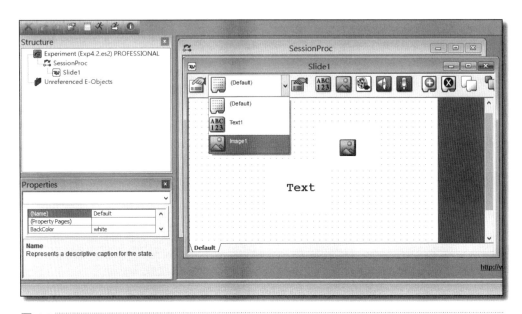

圖 4-9　新增 Slide 上的元素

　　Slide 上文字和圖片元素屬性的設定和先前 TextDisplay 與 ImageDisplay
的完全相同，所以就不另外做介紹。但要提醒大家，因為 Slide 上面放很多
東西，所以對於各個元素大小及擺放位置的設定要更小心，才會看起來很整
齊，不會讓一些元素跑到畫面外了。

　　一旦 Slide 上方有一個的元素（不包含聲音的部分），則會看到選項設定
那邊有兩個圖示變為可以按的了，這兩個圖示就是可以設定當元素們
重疊時，哪一個元素會被放在上方。

設定多個元素的位置

有些時候我們會需要把幾個固定要呈現的東西隨機放在螢幕的不同位置上，利用 Slide 就可以輕易完成這樣的設定。在這裡我們用一個例子讓大家知道如何利用 Slide 隨機呈現多個元素，首先要請大家新增四個 Text 元素在 Slide1，分別會是 Tex1、Text2、Text3、Text4，請根據表 4-2 去修改 Text1 至 Text4 的屬性。

表 4-2 　設定 Text1 至 Text4 的屬性

	呈現刺激	Fore Color	x position	y position
Text1	1	Red	300	200
Text2	2	Green	600	200
Text3	3	Blue	300	400
Text4	4	Yellow	600	400

請參考程式 4-3，可以看到這樣的設定所呈現的結果。

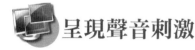 **呈現聲音刺激**

在 E-Prime 中要呈現聲音刺激是相對麻煩的，因為聲音檔太大可能造成程式的延誤甚至當機。

這個問題有兩個可能的解決方式，第一個方法是確認你目前的程式是否為最新的版本，理論上 E-Prime 在開始時都會確認是否有更新的版本。通常使用最新的版本應該就不會有問題，因為 E-Prime 2.x 在這個部分做了很多的補強，一般實驗中會用到的檔案大小應該都不會有問題。假設這個方式行不通，則需要針對聲音檔的播放做設定，可利用一些轉檔的程式去改變聲音檔的格式。

設定聲音檔的緩衝區

　　首先，要請大家將一個 SoundOut 元素拖曳到 SessionProc。請在 SoundOut1 上面點兩下，就會看到如圖 4-10 的畫面。在 General 分頁下，可以修改 Buffer Size 來解決緩衝區太小的問題。

　　另外一個做法是在 Duration/Input 分頁下，修改 PreRelease 的數值（參考圖 4-11），但若設定值太大也會有問題，建議設定為 100 即可，也就是 100 毫秒。

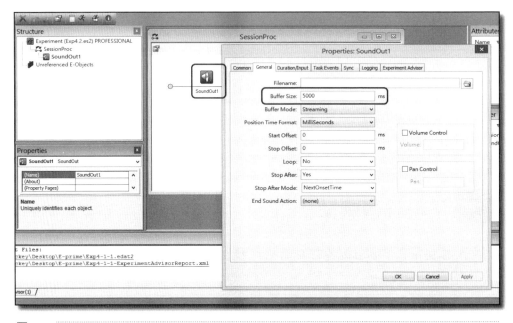

圖 4-10　設定 SoundOut1 的屬性 (1)

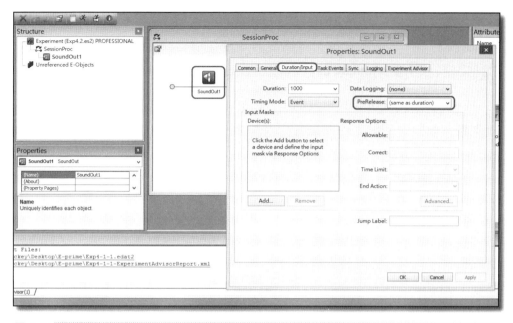

圖 4-11 設定 SoundOut1 的屬性 (2)

設定聲音檔的播放

　　如圖 4-10 所示，首先要設定要播放的檔案為何，可以在 Filename 的
欄位設定一個特定的檔案，或是設定一個變數都可以。Start Offset 和 Stop
Offset 則是可以設定要從聲音檔的哪一個段落開始播放及結束，單位是以毫
秒來計算的。這個部分可以用實際上的數字或也是可以用變數來做設定，但
要確定設定的值不會大於聲音檔的長度，否則會有問題；例如聲音檔只有 30
秒，若設定為 45000（45 秒），則會有錯誤訊息。

　　下面三個選項（Loop、Stop After、End Sound Action）有連帶影響的關
係，首先 Loop 是設定聲音檔是否要重複播放，若選擇為 No，則指會播放一
次就停止。假設我們將如果 Loop 設定為 No，Stop After 的選擇只有在一種
情形下有影響，就是當聲音檔的長度比 SoundOut1 Duration 的設定長時。假

047

設聲音檔有 10 秒，但 SoundOut1 的 Duration 僅設定呈現 8 秒；此時若 Stop After 設定為 Yes，則聲音只會播放前 8 秒；但若設定為 No，則會完整播放，即使已經跳離 SoundOut1 的畫面了。

　　End Sound Action 的設定則有些微的不同，這個是設定當聲音檔已經播放完畢，要採取什麼動作。若設定選擇為 Terminate，則聲音檔播放結束後就會跳離這個畫面，不論在 SoundOut1 Duration 設定為多長。但若聲音檔比 Duration 的設定長，則 End Sound Action 的選項就沒有意義了。請參考表 4-3 及表 4-4。

　　從表 4-3 及 4-4 可以發現這三個選項設定間錯綜複雜的關係，從另外一個角度想，E-Prime 提供了很大的彈性，讓大家可以自由決定聲音檔該如何呈現。在大家還搞不清楚狀況時，會建議 Loop 設定為 No，Stop After 設定為 Yes，End Sound Action 設定為 None，把聲音檔呈現的長短交給 Duration 去做設定[13]。

表 4-3　聲音檔長度長於 SoundOut1 Duration 時的設定及結果

Loop	Stop After	End Sound Action	結果
Yes	Yes	None	聲音不會完整播放，跳到下一個畫面時，聲音就會停止
		Terminate	
	No	None	聲音會持續播放，除非有另外寫指令中止聲音的播放
		Terminate	
No	Yes	None	聲音不會完整播放，跳到下一個畫面時，聲音就會停止
		Terminate	
	No	None	聲音會持續播放，但完整播放一次就會停止
		Terminate	

[13] 在一般情境下，其實很少獨立呈現聲音檔，若需要單獨呈現聲音檔，其實都是希望可以讓聲音當作是背景刺激。此時，其實通常 Loop 會設定為 Yes，Stop After 會設定為 No，End Sound Action 設定為 None。但這樣的設定會讓音樂一直播放，需要另外搭配一個 Inline，裡面只要寫「SoundOut1.stop」即可，Inline 的部分在後面的章節會再做介紹。

表4-4 聲音檔長度短於 SoundOut1 Duration 時的設定及結果

Loop	Stop After	End Sound Action	結果
Yes	Yes	None	聲音會持續播放，直到呈現時間等於 SoundOut1 Duration 的設定時，才會跳到下一個畫面
		Terminate	
	No	None	聲音會持續播放，除非有另外寫指令中止聲音的播放
		Terminate	
No	Yes	None	聲音播放一次後就停止，但不會跳到下一個畫面，直到呈現時間等於 SoundOut1 Duration 的設定時，才會跳到下一個畫面
		Terminate	聲音播放一次後就停止，立刻會跳到下一個畫面
	No	None	聲音播放一次後就停止，但不會跳到下一個畫面，直到呈現時間等於 SoundOut1 Duration 的設定時，才會跳到下一個畫面
		Terminate	聲音播放一次後就停止，立刻會跳到下一個畫面

Volume Control 和 Pan Control 一般較少使用，除非程式是要設定很有互動性，且需要使用者來調整音量，否則是不會做勾選，這裡也不多做介紹。

在 Slide 中加入聲音檔

其實在多數的情形，我們不會單獨播放聲音檔，通常是在 Slide 中加入聲音元素。在 Slide 中加入聲音元素其實和加入其他元素一樣，都是將元素直接放到 Slide 上，其他的設定都相同。

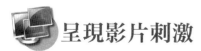 呈現影片刺激

影片刺激的呈現和聲音檔的設定大致上相同，所以就不另外多做介紹，需要注意的事項請參考呈現聲音刺激的段落。

 小結

　　這個章節介紹如何呈現刺激材料，但其實刺激材料的呈現可以相當多元，要看大家實驗的需求，應該沒有不能完成的設定[14]。當然有些需要搭配語法的運用，在後面的章節會做詳細的介紹。

章節挑戰

　　1. 在螢幕的上下左右分別呈現一個色塊，其中三個為紅色的、一個為綠色的，請實驗參與者判斷綠色的色塊在哪一個位置。

　　　　提示　善用變數來設定 BackColor。

　　2. 寫一個程式請實驗參與者判斷畫面上出現的圖片及文字描述是否為相同的物件。

　　　　提示　善用 Slide 功能即可以達成。

　　3. 寫一個程式請實驗參與者判斷畫面上出現的動物圖片及所聽到的聲音，是否為同一個動物。

　　　　提示　善用 Slide 功能即可以達成。

---

[14] 呈現的限制大多來自於 E-Prime 結構本身，例如若想要讓實驗參與者感覺把一個東西拖曳到另一個位置，這在目前電腦操作上是相當普遍的，但在 E-Prime 當中要呈現這樣的感覺卻較困難，因為要同時抓到游標所在的位置，又要更改物件的游標，不過還是做得到的。

1. 在 Slide 中可以靈活運用 TextDisplay 及 ImageDisplay 物件的結合來呈現不同的訊息；例如一個程式中用一個圖片恭喜實驗參與者得到幾分，若針對每個分數都要作圖，一方面除了浪費時間，也會占去較大的硬碟空間。其實可以用一個背景圖，分數的部分則是用 TextDisplay 的變數做設定；另外記得要把 TextDisplay 的 BackStyle 改為 Transparent，並且將呈現順序設定在 ImageDisplay 上方即可。

第五章
反應輸入的設定

本章介紹

- ·基本反應輸入設定
- ·進階反應輸入設定

在第三章已稍微介紹如何設定反應的輸入，在這個章節會做更完整的介紹。後面幾個段落的反應輸入會涉及 Inline 語法，建議讀者可以暫時略過，待熟悉語法的運作後再來閱讀。

不論使用 TextDisplay、ImageDisplay 或是 Slide，在輸入設定的部分都是相同的，我們就以 Slide 來做介紹，因為有些較複雜的輸入方式僅適用 Slide 的情境。在介紹如何設定不同輸入前，要告訴大家如何確認程式會記錄你所需要的反應。首先要請大家拖曳一個 Slide 到 SessionProc，並且點兩下進入 Slide 屬性設定的頁面，選擇 Logging 分頁，會看到如圖 5-1 的畫面。要確定 ACC、RT 一定有勾選，這樣才會記錄實驗參與者的正確率及反應時間。另外也會建議勾選 RESP，可以知道實驗參與者實際按的鍵是什麼；OnsetDelay，可以知道畫面呈現的時間和設定要呈現的時間之間是否有誤差。

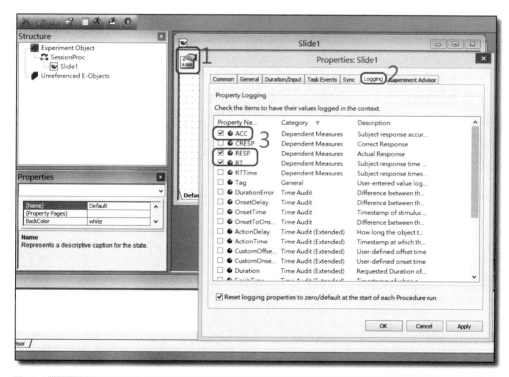

圖 5-1　確認程式會記錄相關的反應

 用鍵盤輸入

在 Slide1 屬性設定的頁面下，選擇 Duration/Input 的分頁，會看到如圖 5-2 的畫面。

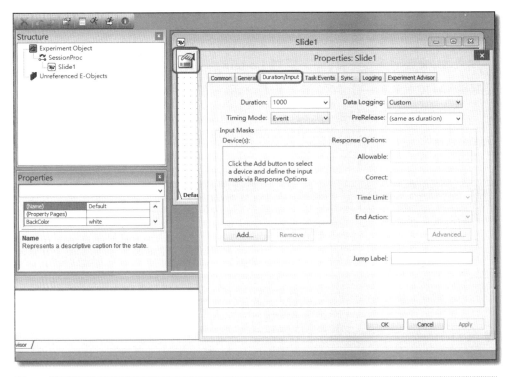

圖 5-2　設定輸入型式

鍵盤輸入基本設定

首先 Device 的部分要先增加 Keyboard，即按下 Add 後，在鍵盤上方點兩下就可以了，此時會看到畫面上本來灰色的區塊，現在也變為可以輸入的，如圖 5-3 所示。Allowable 的部分可以設定程式會對哪些按鍵做反應，

若正確答案（假設為 f 鍵）沒有設定為 Allowable，則即使實驗參與者按了正確的按鍵，程式也不會判定實驗參與者答對，而是會認為實驗參與者還沒有作答。

　　若要設定多個按鍵都可以被輸入的，則要在 Allowable 中做設定，字母和數字直接輸入就可以了，假設要實驗參與者用 0-9 的數字來做反應，則在 Allowable 中直接輸入 0123456789 即可。但若是要實驗參與者使用像空白鍵等非由一個單一位元定義的按鍵，則需要用 { } 把位元包住，例如空白鍵就是要用 {SPACE} 來代表。大家可以參考 E-Prime 使用手冊，就知道不同按鍵要如何做設定。假設需要把空白鍵和數字鍵都設定為實驗參與者按了後程式會有所反應的，就直接把 {SPACE}0123456789 輸入在 Allowable 就可以了，依此類推。

　　再次提醒，不要設定為大寫的英文字母，否則實驗參與者必須要按下 Shift 及特定的字母按鍵，才算是輸入了正確的答案。除此之外，若沒有透過進階設定修改 Max Count（參考鍵盤輸入進階設定），程式基本上只會記錄實驗參與者所按下的第一個按鍵，有可能是 shift 鍵或是那個特定的英文字母。

　　Corret 的部分通常是設定一個變數，除非每一題的答案都是某個特定的按鍵，否則不會直接輸入一個位元。

　　Time Limit 的部分通常會設為預設值 (same as Duration)，除非你希望實驗參與者雖然會看到畫面較長的時間，但是他們僅能在畫面呈現開始的一秒或兩秒內做反應，此時才會設定 Time Limit。一般的情形都是設定和畫面的呈現時間相同。

　　End Action，一般我們會設定為預設值 Terminate，所以實驗參與者按了程式會接受的按鍵後，就會跳到下一個畫面（不論答對與否）。有些實驗會設定為 None，以控制實驗參與者看到刺激材料的時間是相同的，但這樣的

設定會造成實驗參與者的混淆，他們會搞不清楚到底自己有沒有按鍵成功，所以不建議使用。另外有一個選項 Jump，則是可以讓實驗參與者按鍵後跳到程式的某一段落，需要搭配 Jump Label 使用。但一般較少在這裡做設定，通常是搭配 Inline 中的語法使用，我們會在後面的章節再做介紹。

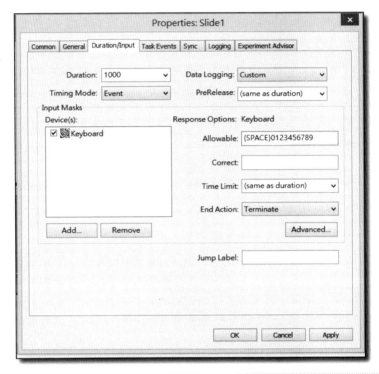

圖 5-3　新增鍵盤後的改變

鍵盤輸入進階設定

　　在大多數的情境下，每一題通常只會有一個正確答案，但有的時候可能會有兩個正確答案。如果很天真的認為設定兩個變數，都放在 Correct 那個欄位，就會發現怎麼實驗參與者每一題都答錯。根據使用的版本有兩種不同的做法，若使用的是 2.0 Professional 版本，則可以在 List 中設定答案變數的欄位中，用「,」來設定多個答案，如圖 5-4 所示，在 answer 欄位中若填入「a,b,c」，則設定正確答案為 a、b 和 c。倘若使用的版本為 2.0 Standard，則一定要用 inline 的語法來做設定，在第九章會做介紹。

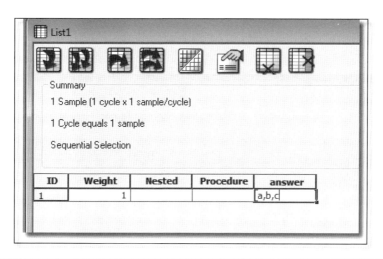

圖 5-4　　新增第二個鍵盤後的畫面

　　接下來要介紹在 Duration/Input 分頁下有一個 Advanced 的設定，在這裡僅針對 General 分頁的部分做設定，請參考圖 5-5。Max Count 是定義究竟實驗參與者可以按幾個鍵，通常是設定為 1，所以只要按了一個按鍵就會跳離這個畫面。但有些時候可能需要實驗參與者輸入多個按鍵[15]，則需要改變 Max Count，但若 Max Count 設定數字太大，也會有問題，因為實驗參與者按鍵的次數沒有超過 Max Count，則會一直停留在這個畫面，直到超過畫面設定的 Duration 為止。

　　若要避免上述的問題，一個可能的做法是設定 Termination Response，這個設定就是告訴程式，如果實驗參與者按了哪個鍵，即使總按鍵數目尚未

---

[15] 假設需要實驗參與者輸入一連串的數字或是英文字母，則需要做此設定。但也可以利用 AskBox，此章節稍後會做介紹。

超過 Max Count，也會跳到下一個畫面。例如若 Termination Response 設定
為 1 [16]、Max Count 設定為 5，則若實驗參與者按下 1，就會立刻跳到下一個畫
面；但同樣的設計，只要實驗參與者沒有按 1，就算他已經按了四個按鍵，
也不會跳到下一個畫面。User Tag 是提供實驗者可以做一些標記，這是不一
定需要做設定的。

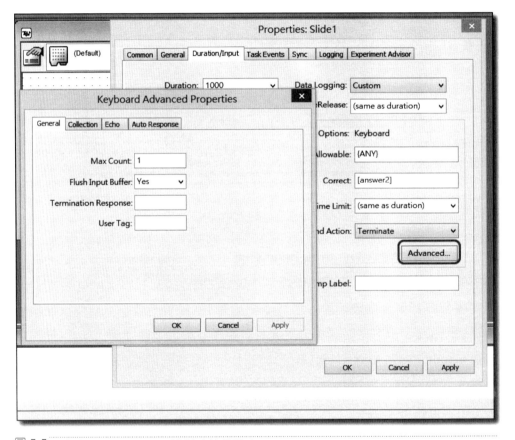

圖 5-5　針對 Duration/Input 進階功能做設定

---

[16] 記得要把 Termination Response 所設定的按鍵也定義為 Allowable 的，否則就沒有辦法
透過按所設定的按鍵而跳到下一個畫面。

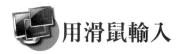 # 用滑鼠輸入

　　回到圖 5-2，若此時選擇新增的 Device 為滑鼠，則會看到如圖 5-6 的畫面。滑鼠基本上就是設定左右鍵，左鍵是 1、右鍵是 2，所以在 Allowable 可以設為 {ANY} 或是 12 都可以。正確答案的部分建議設定為變數即可。其他的部分上和鍵盤輸入相同，就不另外做介紹。

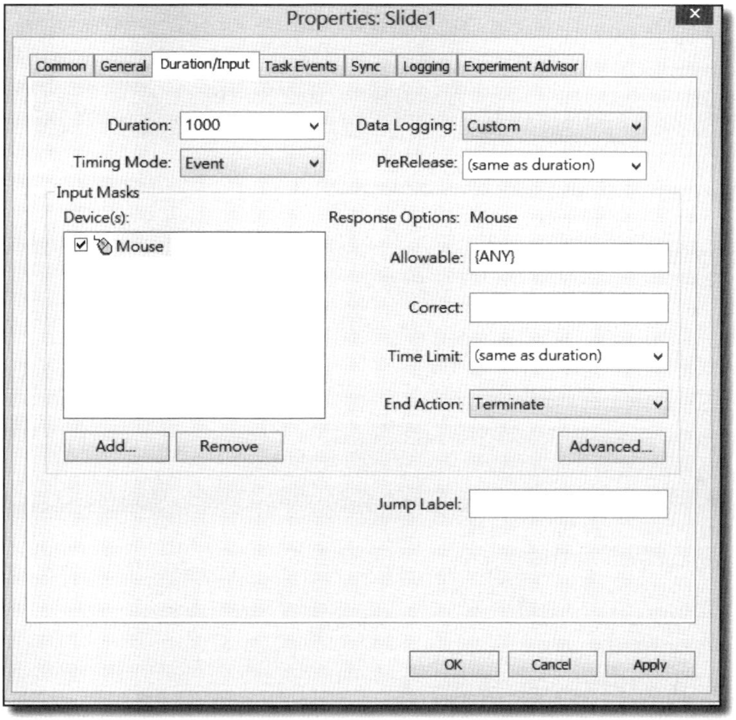

圖 5-6　新增滑鼠後的改變

同時用鍵盤和滑鼠

　　在一些很特殊的情境下，可能會同時需要（或兩者擇其一）鍵盤及滑

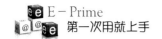

鼠作為輸入的媒介，此時可以在 Device 下除了新增 Keyboard 外，也新增 Mouse，然後分別設定正確答案即可。

假設看到一個畫面時，需要實驗參與者用鍵盤及滑鼠分別輸入答案時，則需要透過進階設定內邊將 Max Count 至少改為 2，否則在用鍵盤或是滑鼠輸入第一個答案後，就會跳到下一個換面囉。

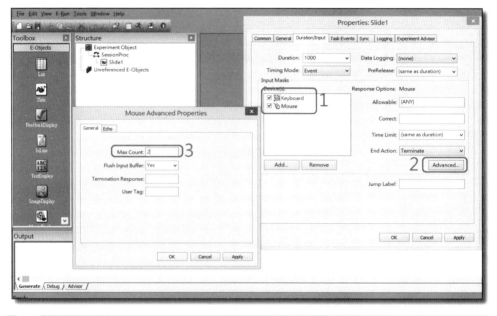

圖 5-7　同時設定鍵盤及滑鼠

 用 AskBox 做輸入

有些時候我們會需要實驗參與者看到自己輸入的答案，尤其當他們需要輸入一連串數字或英文字母時，此時就需要用到 Inline 的功能來做輸入。首先請拖曳一個 TextDisplay 到 SessionProc，接著拖曳一個 Inline 到 SessionProc，就會看到如圖 5-8 的畫面。

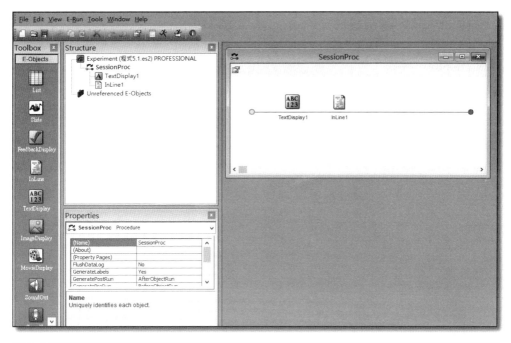

圖 5-8　用 AskBox 輸入的前置作業

　　假設我們在 TextDisplay1 會呈現一串數字，這個畫面只會呈現 1000 毫秒，接著我們需要實驗參與者把所看到的數字都打出來。要特別注意在 TextDisplay1 的屬性設定，要把 General 分頁下的 Clear After 設定為 Yes[17]。接著要在 Inline1 輸入下列的字樣，這邊我們暫時先不針對 Inline 的部分做說明，在後面的章節會做詳細的介紹。

```
dim Answer as String
Answer = askBox("Please type the numbers.")
c.SetAttrib "EnterResponse.RESP", Answer
```

---

[17] 因為 AskBox 是跳出來一個小的視窗，並不會占滿整個螢幕，所以若前一個畫面沒有設定要 Clear After，則看到小視窗的同時也會看到前一個畫面的殘影。

此時，請存檔，TextDisplay1 沒有呈現任何數字也沒有關係（程式 5-1）。執行後，在 TextDisplay1 呈現 1 秒後，就會看到如圖 5-9 的畫面。此時，實驗參與者僅需要在白色框框內輸入，之後按下 OK，就可以進到下一個畫面。用這樣的輸入方式固然也不錯，但關於正確率

圖 5-9　　AskBox 的螢幕截圖

的部分需要另外用 Inline 來做設定，再者反應時間的資料較沒有參考價值，因為有時候他們可能會修正答案等等。再者，若實驗參與者在輸入的過程不慎按下「[」或是「]」，則程式會當機；所以除非必要，不建議使用 AskBox 作為輸入的媒介。

小結

本章節介紹的是利用基本配備的輸入方式，其實也可以選配 E-Prime 的麥克風、ResponseBox、搖桿等等的設備，在此就不做介紹。另外滑鼠輸入的部分，其實也可以讓實驗參與者在畫面上點選任意的區塊，例如用一個喜好度評比的量尺，讓實驗參與者點選；但因為這個部分涉及較複雜的 Inline 設定，我們會在後面的章節再介紹。

章節挑戰

1. 寫一個程式，實驗參與者可以針對數字的奇偶數或是否為大於 50 的數字來做判斷，只要其中一個答案對就算正確。

   提示　針對這兩個不同的問題要設定完全不同的按鍵來作答。

2. 寫一個程式讓兩位實驗參與者可以同時作答。

提示 可以利用鍵盤加上滑鼠，讓兩位實驗參與者可以同時作答。

1. 指導語務必說明清楚實驗參與者該如何作答，有時候也會在實驗參與者需要按鍵的畫面，出現提示告訴實驗參與者該如何作答。

2. 設定正確答案的按鍵時，建議不要設定在鍵盤上太接近的兩個按鍵，也不要設定意義上會有衝突的按鍵，例如當實驗參與者認為題目為正確時，請他們按「x」來做判斷。這些有意無意的設定，都會對於結果有影響。

3. 若在按鍵設定修改 max count 的數值，可以透過增加 echo 的方式，讓實驗參與者看到自己輸入的答案。

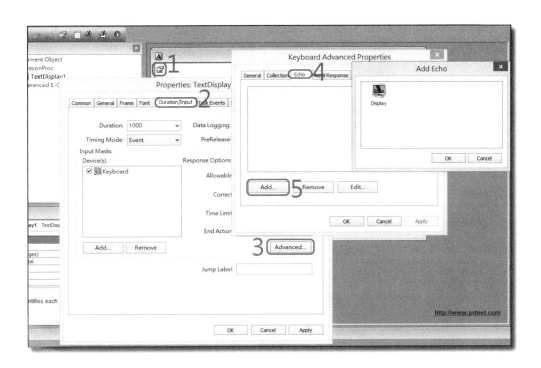

第六章
實驗結構的安排

本章介紹

- ・程式的基本元素
- ・程式的結構

前面幾個章節介紹了 E-Prime 的基本元素，第六章要介紹如何用 E-Prime 來寫一個實驗程式，畢竟這個軟體開發的初衷就是要拿來做心理學實驗的。若對於心理學實驗沒有興趣的，其實可以略過這個章節。

實驗的基本元素

做實驗的目的就是要瞭解實驗者操弄的變項（所謂的獨變項）是否會影響實驗參與者的表現（所謂的依變項）。必須要將這些設定都寫在程式中，否則就算蒐集完資料，也是沒有辦法協助實驗者瞭解獨變項是否會對於依變項造成影響。

以下我們會以一個虛擬的實驗來作例子：假設我們想要瞭解人們在看到紅色時，是否會比較謹慎，因此反應時間會較慢、正確率會較高。這個實驗的獨變項就是顏色，依變項就是正確率及反應時間。

命名的重要性

在一開始我們要先跟大家介紹一個概念，在 E-Prime 中只要程式沒有寫錯，基本上都可以執行，但若該程式的目的是為了後續要做結果的分析，則必須考量如何命名每一個元素。不論是 TextDisplay、ImageDisplay，甚至 Attribute 的命名等都是相當重要的，在 E-Prime 中不能以數字為首來做命名，所以一定要用英文字母為首，但可以夾雜數字及英文字母。

命名時要以自己能夠一眼望去就知道為原則，一開始各位寫的程式可能很簡單，但隨著程式愈來愈龐大，若沒有一個規律命名的規則，未來會事倍功半，甚至有可能不知道要如何看待所蒐集到的資料。

因為 E-Prime 有內建一些程式碼，所以舉凡 Begin、End 等這些跟程式運行有密切關係的詞彙，基本上不能夠拿來做命名，否則會發生錯誤，即便

沒有錯誤，最終也可能沒有辦法蒐集到資料，千萬要小心。

設定獨變項

　　如果大家還記得第三章的介紹，當時我們為了要呈現不同的數字，所以設定了一個變數為 number，並且在 List 中設定了一個 number 的欄位。在這裡我們基本上會採用同樣的原則，但我們必須考量另一件事情，究竟要讓實驗參與者看到什麼？一個做法當然是都看到同樣的數字或文字，所以我們就僅針對 ForeColor 的部分做一個變數的設定，參考圖 6-1 的步驟。

步驟一：先拉一個 List、一個 Procedure 到 SessionProc，將 List1 更名為 ExpList、
　　　　Procedure1 更名為 ExpProc。

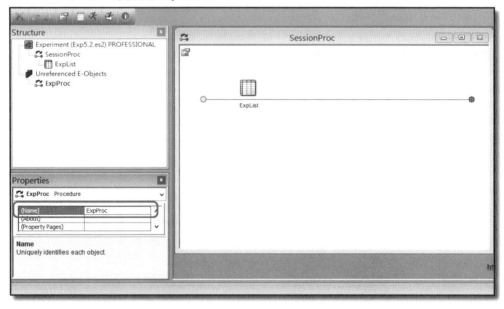

步驟二： 設定 ExpProc 為 ExpList 的 default procedure。

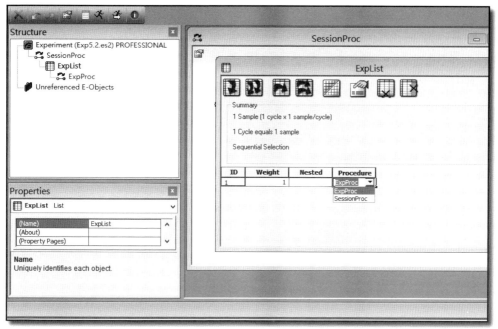

步驟三： 在 ExpProc 上增加一個 TextDisplay（更名為 StimDisplay），並在 Text 的部分打入「＋」。

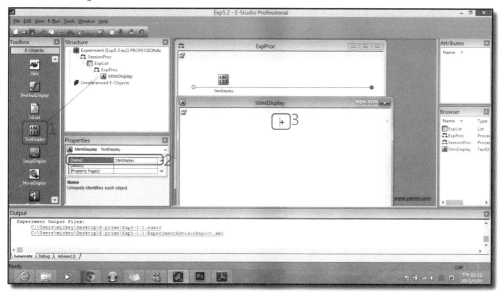

步驟四： 設定 StimDisplay 的屬性，在 General 分頁下將 ForeColor 設定為 [color] 這個變數。

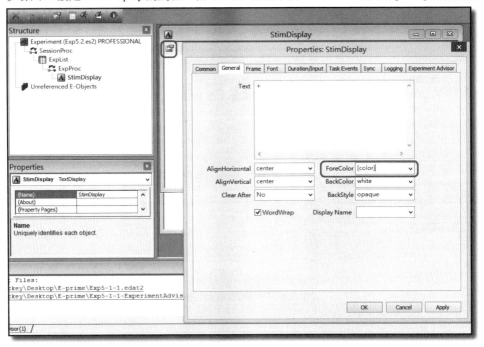

步驟五： 在 ExpList 新增一個 Attribute 為 color。

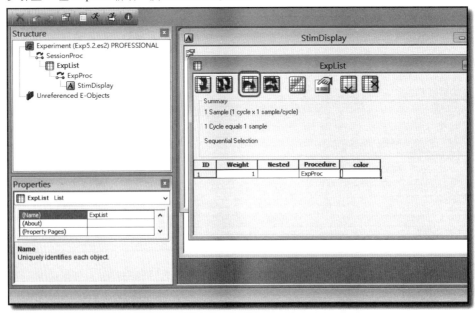

步驟六： 在 ExpList 新增四列，並且在 color 那個欄位依序輸入：red、orange、yellow、
　　　　 green、blue。

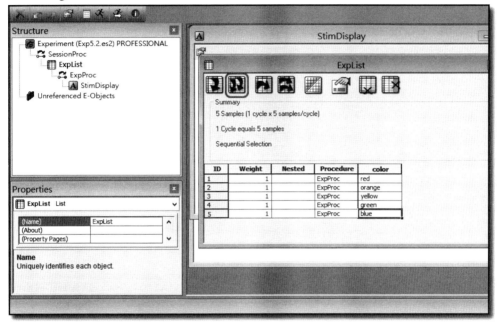

圖 6-1　設定獨變項的步驟

　　完成步驟六後隨即存檔（程式 6-1），產生程式碼後，按下 ✗ ，就會看
到有五個不同顏色的 ＋ 號依序呈現。當然在實驗中，我們通常會讓實驗參
與者看到不同的刺激材料，所以即使所看到的刺激材料不是實驗的獨變項，
我們也會利用變數來做設定[18]。請參考圖 6-2 的步驟做設定，如此一來五個
顏色所呈現的刺激材料就會是不同的。完成這個步驟後（程式 6-2），產生
程式碼，按下紫色小人，就會依序看到紅色的 red、橘色的 orange、黃色的
yellow、綠色的 green 及藍色的 blue。

---

[18] 會鼓勵大家把所有認為可能影響實驗因果推論的變項都做記錄，也就是都在 List 中幫這
些可能的變項定義為一個 Attribute。雖然這些變項不是實驗中的獨變項，但在分析結果
前，其實沒有人知道這些變項是否可能會影響結果。事前的記錄是好事，與其後來要用
手動或其他的方式來補上一些資訊，不如一開始就把這些資訊記錄下來！

步驟一： 延續程式 6-1，在 StimDisplay，Text 的部分設定一個變數為 stimuli。

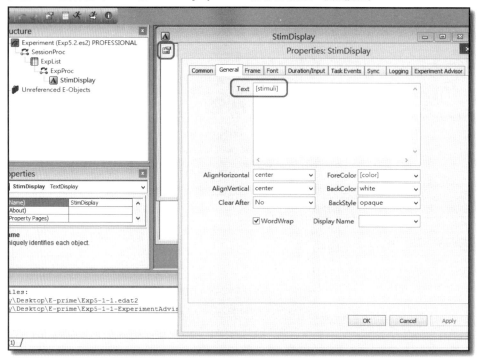

步驟二： 在 ExpList，新增一個 Attribute 為 stimuli。

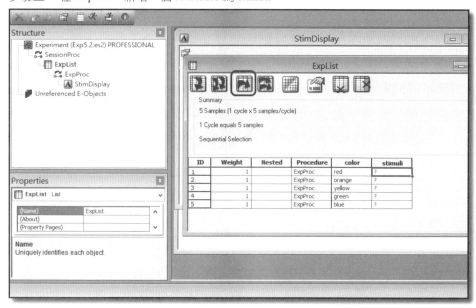

步驟三：將 ExpList 中 color 這個 Attribute 的第一至五行拷貝，在 stimuli 這個欄位貼上。

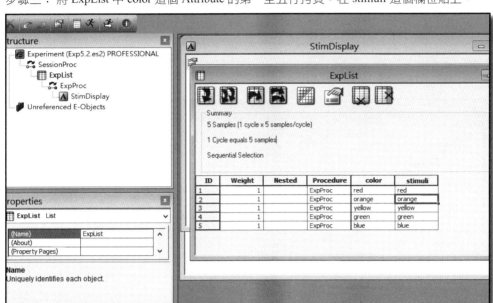

圖 6-2　利用變數設定呈現的刺激材料

在這個實驗中雖然我們用了五種不同的顏色，但若實驗的假設為：紅色是否會對行為造成影響，顏色就是這個實驗的獨變項，則可以在 ExpList 中另外新增一個 Attribute：RedorNot，只有紅色定義為 RedYes[19]、非紅色的都定義為 RedNo，參考程式 6-3。如此一來，在結果分析時就會非常的方便，不用另外將其他四種顏色的結果做後續的處理

設定依變項

依變項的設定基本上和第五章介紹的反應輸入設定有關係，以這個實驗

---

[19] 會用這樣命名方式是為了日後分析結果時較容易分析，若 Attribute 的命名等沒有考量，則後續分析會花很多功夫去搞清楚究竟程式是怎麼寫的，所以鼓勵大家要用自己一眼看過去看得懂的命名方式。

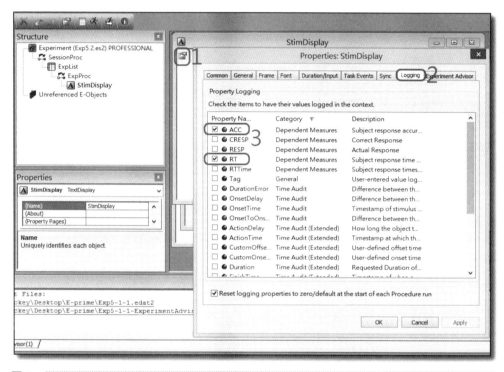

的需求為例，我們需要記錄反應時間及正確率，所以須確保這些資訊有被記錄下來。如圖 6-3 所示，StimDisplay 屬性設定 Logging 分頁下，我們需要確保 RT 及 ACC 有被記錄下來[20]。

圖 6-3　確認依變項分析需要的資訊有被記錄下來

　　除此之外，我們需要定義每一題的正確答案為何，我們必須到 StimDisplay 屬性設定 Duration/Input 分頁下做設定，請參考圖 6-4 的步驟。

---

[20] 一般而言，若會需要分析正確率，也會建議蒐集 RESP，就可以知道實驗參與者實際輸入的按鍵為何，因為有時候可能程式寫錯了，造成正確率的紀錄是錯的；但若知道實驗參與者當時按下什麼按鍵，可以利用後製的方式來產生「正確」的正確率。

步驟一：延續程式 6-3，在 Duration/Input 分頁下首先將 Duration 設為 (infinite)。

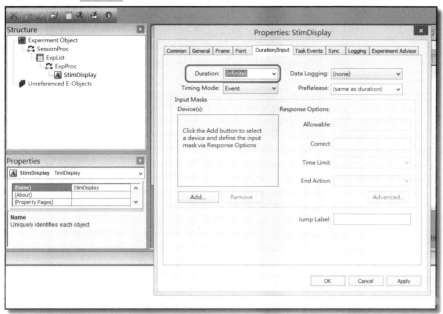

步驟二：在 Device 的部分，新增滑鼠。

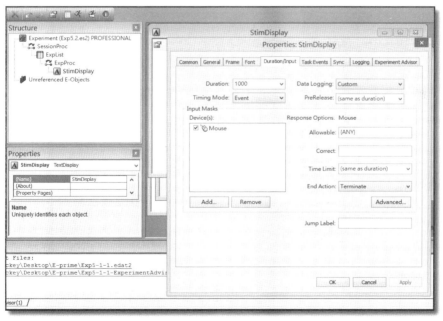

步驟三： 在 Allowable 的部分，填入 12。

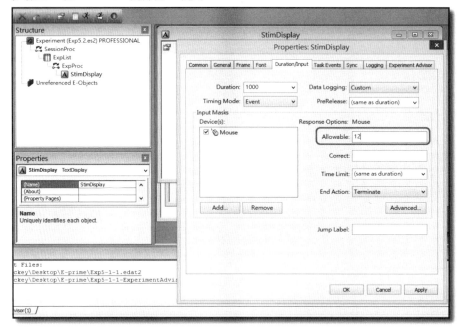

步驟四： 在 Answer 的部分，輸入 [answer] 這個變數。

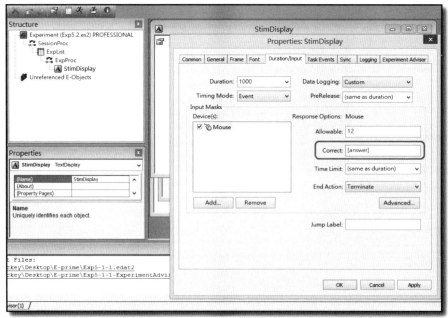

步驟五：　在 ExpList 新增一個欄位 answer。在這個實驗中假設我們要實驗參與者判斷的是畫面中出現的詞彙，第一個字為母音（a,e,i,o,u）或子音，若為母音則要按滑鼠的左鍵、為子音要按滑鼠的右鍵，所以 Row 1 至 5 的正確答案分別 2,1,2,2,2。

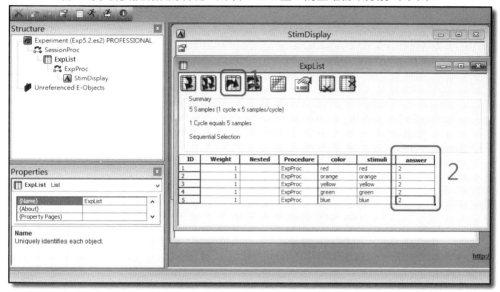

圖 6-4　設定依變項的步驟

　　完成步驟五後存檔（程式 6-4），產生程式碼後，按下 ，就會看到有五個不同顏色的英文字依序呈現。和程式 6-3 不同的是，程式 6-4 中，一定要用滑鼠做反應才會看到下一個詞彙，其他的部分看起來完全相同，但實際上執行程式 6-4 得到的結果檔才是有意義的，因為程式 6-3 僅有呈現的部分，完全沒有記錄的部分。

實驗的結構──由下而上

　　我們從實驗最底層的結構──嘗試（trial）來做介紹，以程式 6-3 為例，ExpProc 其實只包含一個元素，但在真正的實驗中鮮少會只有一個元素的 Procedure。一般會先出現一個凝視點，接著會出現需要實驗參與者做反應的畫面，接著可能會出現一個空白的畫面（在練習階段則可能會出現給實驗參與者的回饋畫面）。

建立完整的嘗試

延續程式 6-4，一個完整的嘗試應該要有凝視點，讓實驗參與者知道該集中注意力；另外按鍵後的空白畫面則是讓實驗參與者有一個稍作喘息的機會，同時也會讓程式看起來不會太怪（因為若沒有空白畫面，按鍵判斷後立刻就會看到凝視點，其實有點奇怪）。請參考圖 6-5 的步驟，凝視點和空白的呈現時間可以自訂，圖 6-5 顯示的是一般常用的數值。

步驟一：拖曳一個 TextDisplay 到 ExpProc，重新命名為 FixFrame，並且在 Text 區塊輸入＋。

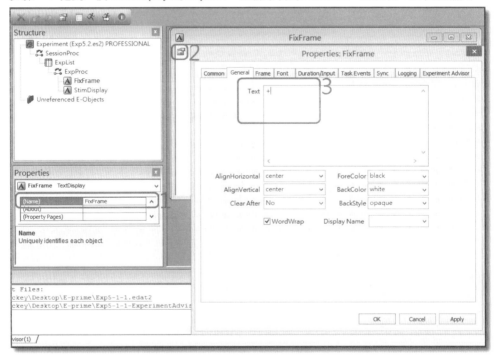

步驟二：將 FixFrame 的呈現時間改為 200 毫秒。

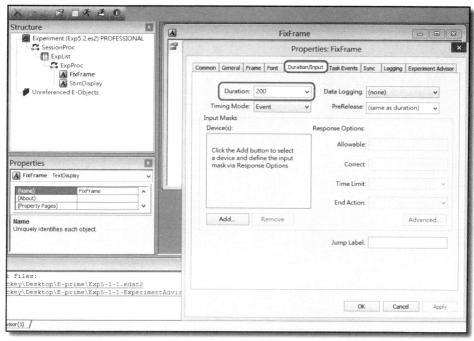

步驟三：拖曳一個 TextDisplay 到 ExpProc，重新命名為 BlankFrame。

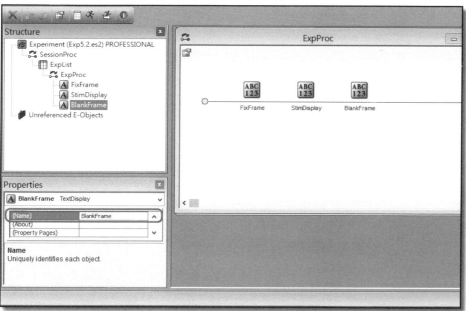

步驟四： 將 BlankFrame 的呈現時間改為 500 毫秒。

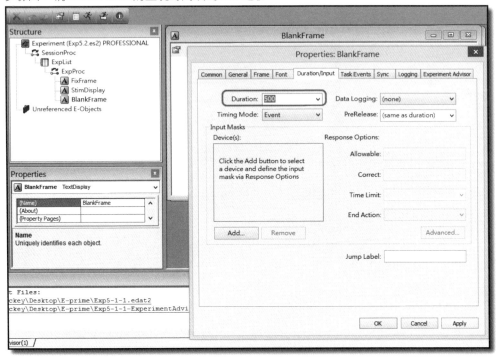

圖 6-5　建立一個完整的嘗試

　　完成步驟四後存檔（程式 6-5），產生程式碼後，按下紫色小人，就會看到有五個不同顏色的英文字依序呈現，此外在英文字出現前會有一個凝視點，按鍵判斷後會有一個空白的畫面。

建立練習階段的嘗試

　　練習階段和正式階段的嘗試基本上都應該是一樣的[21]，除了一般會在練習階段讓實驗參與者知道自己對該嘗試是否輸入了正確的答案。因為練習階段和正式階段的嘗試基本上相同，所以我們大可以不用重新建立這個嘗試，而

---

[21] 有時候正式階段的刺激材料呈現時間會較短，或是會用較難的刺激材料。

是使用複製貼上的方式。

　　首先要請大家確認 Browser 這個區塊有被勾選，若沒有修改預設值，Browser 這個區塊會出現在 E-Prime 視窗的右上角。若 Browser 沒有出現，可以按 Alt＋2，就可以讓 Browser 區塊出現（或消失）。

步驟一：延續程式 6-5，用滑鼠將 ExpProc 反白，按下 Ctrl＋C 拷貝，接著按下 Ctrl＋V 貼上。此時，會跳出一個視窗，詢問你是否要拷貝 child object，選擇是和否會有不同的後果，請參考註解的說明 [22]。建議大家選擇否，選擇後 Browser 會出現 ExpProc1。

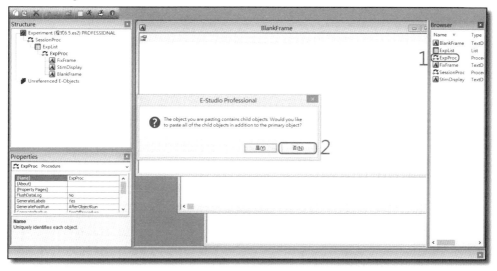

---

[22] E-Prime 2.x 和 E-Prime 1.x 一個很大的不同就是在 1.x 若複製一個 Procedure，只有 Procedure 會重新命名，但其中的元素並不會重新命名；但在 2.x 中，可以有所選擇，若選擇拷貝 child object，則所有的元素都會重新命名，這點有好有壞。從分析資料的角度，應該不要自動重新命名；但對於初學者而言，自動重新命名能夠降低他們出錯的機會（因為只要名稱一樣的元素，改了一個，全部的都會被修改，初學者往往會因此犯下大錯，做白工）；若選擇不要拷貝 child object，則和 1.x 的版本相同，就是 Proceture 本身會重新命名，但其中的元素並不會重新命名。

步驟二： 將 ExpProc1 重新命名為 PracProc。

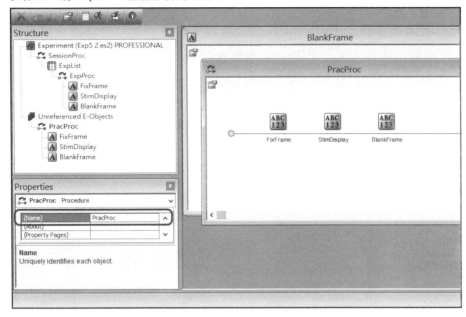

步驟三： 拖曳 FeedbackDisplay 到 PracProc，放在 StimFrame 右邊（時序上的後面）。

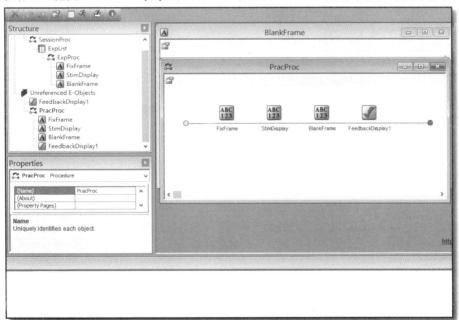

步驟四： 用滑鼠將 ExpList 反白，按下 Ctrl + C 拷貝，接著按下 Ctrl + V 貼上。此時會看到 ExpList1 產生。

步驟五： 將 ExpList1 更名為 PracList，並且把這個 List 移到 SessionProc，放在 ExpList 的左邊。

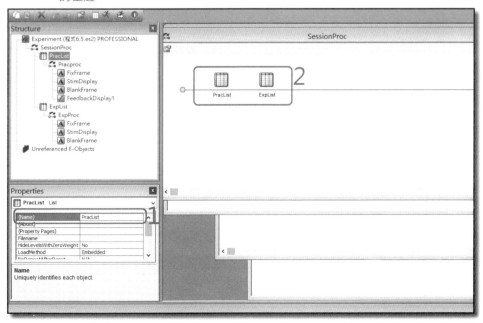

步驟六： 將 PracList 的 Procedure 設定為 PracProc，將程式存檔為程式 6-6。

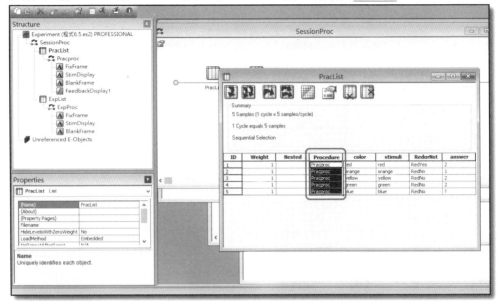

圖 6-6   建立練習嘗試

　　FeedbackDisplay1 一定需要修正的是 General 分頁下的選項，如圖 6-7 所示，對 Input Object Name 做設定，告訴程式要針對哪一個畫面來告知實驗參與者他們是否做了正確的反應。從下拉式選單中選擇 StimFrame 即可，下方的選項都可以使用預設值。在 Duration/Input 則可以設定回饋畫面呈現的時間，若實驗對象為年輕人，建議不要超過 500 毫秒，否則會讓實驗參與者感到厭煩。設定完後請存檔（程式 6-7）。

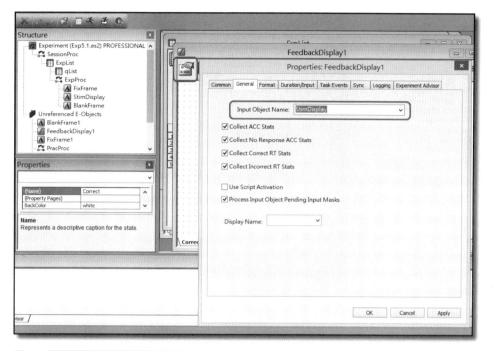

圖 6-7　設定 Input Object Name

　　如圖 6-8 所示，在 FeebackDisplay1 下方可以看到其實有幾個不同的分頁，一定需要設定的為 Correct 及 InCorrect 的分頁，假設實驗中有設定要在一定時間內按鍵反應，則也需要針對 NoResponse 來做設定。這每一個分頁都是一個 Slide，所以大家可以參考 Slide 建立的原則來設定給實驗參與者回饋的畫面，要掌握清楚易懂的原則，所以通常建議用不同的顏色，甚至在實驗參與者答對時可以搭配聲音做提醒。

需要多少嘗試

　　到底實驗中需要多少嘗試呢？會建議一個情境最少要有 16 個嘗試，當然愈來愈好，不過太多會讓實驗長度過長，實驗參與者的表現反而會變差。以這個章節介紹的實驗為例，獨變項為顏色，顏色有五個水準，所以最少需要共 80 題。

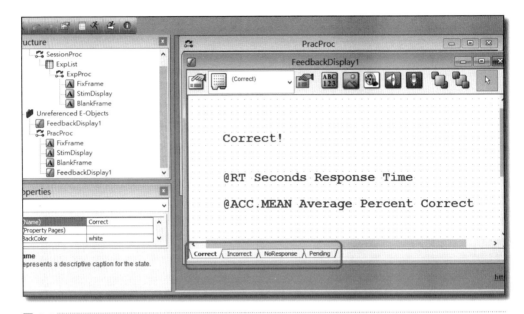

圖 6-8　設定給實驗參與者的回饋畫面

假設實驗中有兩個獨變項，一個有三個水準、一個有兩個水準，則最少需要 $3 \times 2 \times 16 = 96$ 題，以此類推。

List 的結構

嘗試的上一層就是所謂的 List，請在 ExpList 上點兩下，如圖 6-9 所示，會看到總共有五行，在上方 Summary 會告知有 5 Samples。假設我們要讓實驗參與者不只做五題，則可以用幾種不同的方式來做設定。

在實驗中我們不見得會讓每一行出現的頻率設為相同的，因為必須考量獨變項的設定、同一按鍵被使用的頻率等的因素。以這個實驗為例，就有兩個需要考量的因子：首先，因為五個字當中，僅有 orange 的字首為母音，所以實驗參與者會有較高的頻率去按滑鼠的右鍵（左：右 = 1：4），這樣懸殊的按鍵比例是相當不恰當的，因此有可能會把 orange 那行的 Weight 改為 4，其他的維持不變。

方法一： 更改 Weight，可以將 Weight 都改成 10，則會看到上方 Summary 告
知有 50 Samples。

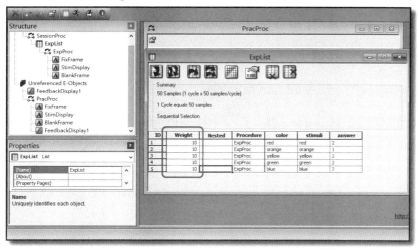

方法二： 透過 List 屬性設定的部分，選擇 Rest/Exit 分頁，修改 Exit List 的方
式，可以是幾個 cycle 或是幾個樣本，一般建議針對 cycle 的數目做
修改。若我們將 Exit List 下改為 After 10 cycles，按下 Apply、OK
後，同樣會看到上方 Summary 告知有 50 Samples。

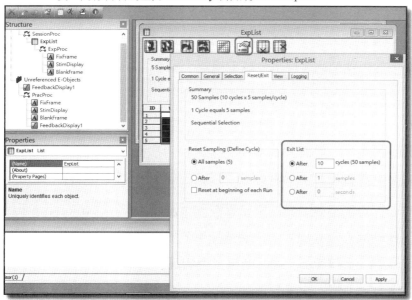

圖 6-9　設定嘗試數目

再者，如果這個研究在意的是紅色與非紅色刺激的反應實驗，則應該要控制紅色與非紅色出現的機率為相同的，根據這樣的邏輯 red 那行應該把 Weight 改為 4，其他的維持不變。

講到這裡大家就會發現，要做到盡善盡美有時候是不可能的，所以要考量究竟哪些因素的控制是重要的，儘量做到完美的境界。

最後，除非有另外寫 Inline 的語言，否則 E-Prime 會將一個 List 中所有的嘗試都呈現完才進到下一個階段，假設 List 中有 200 個嘗試，就會 200 都做完！人都是會疲勞，沒有讓實驗參與者有充分的休息，他們的心情及表現都會變差，所以一個 List 不適合包含太多嘗試（換句話說，不要做太久）。一般建議一個 List 不要做超過 5 分鐘（或是 60 題），讓實驗參與者可以有充分的休息；若實驗參與者可以掌控實驗的步調（例如都是決定要開始才按鍵），則較不用擔心 List 中嘗試數目過多的問題。

假設實驗中有三個獨變項，每個都有兩個水準，則 List 的嘗試數目就要為 $2 \times 2 \times 2 = 8$ 的倍數，所以 List 中包含 56、64 或是 72 嘗試都是可行的。

一個 List 中嘗試數目太多是問題，太少也是問題，因為實驗參與者會覺得一直被打斷，此外他們的表現也會較不穩定。

List 的呈現

在第三章曾提過，一般而言 List 中的嘗試我們都會設定照隨機的順序呈現，可以透過 List 屬性設定下 Selection 分頁來做設定，如圖 3-14 所示。

但有些時候你可能需要前幾個嘗試是照固定順序呈現，之後的嘗試才是隨機呈現的，此時該怎麼處理呢？一個最簡單的方式就是新增一個 List，其中一個用固定順序、接續的那一個用隨機呈現的就可以了，如圖 6-10 所示。對實驗參與者而言，他們並不會察覺有任何的不同，除非 List 和 List 之間有增加其他的元素。

圖 6-10　利用兩個 List 來達成部分隨機、部分照順序呈現的目的

 實驗參與者間 vs. 實驗參與者內的操弄

　　實驗的獨變項有些會是實驗參與者間操弄的，有些會是實驗參與者內操弄的，以本章節介紹的顏色實驗，就是一個實驗參與者內操弄的實驗。假設我們要將顏色的操弄改為實驗參與者間，有下列幾個做法：

做法一：　延續<u>程式 6-7</u>，將 red 那行的 Weight 改為 0，另存新檔，產生程式碼（<u>程式 6-8</u>），在程式 6-8 中，就不會看到紅色。延續程式 6-7，將除了 red 以外的那幾行 Weight 都改為 0，另存新檔，產生程式碼（<u>程式 6-9</u>），在這個程式中，就只會看到紅色。

做法二：　這個做法稍微複雜，但不需要用到兩個程式；此外，有時候會需要控制實驗參與者作答的順序（但順序又並非實驗的獨變項），則利用方法二較理想。延續<u>程式 6-7</u>，請照下列的步驟：

步驟一： 將 ExpList 重新命名為 RedList。

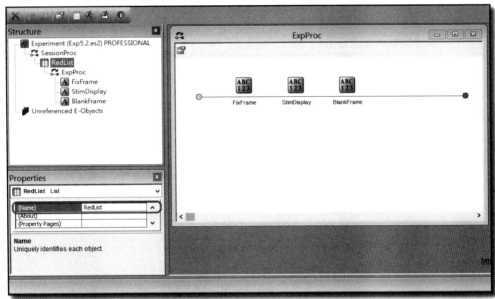

步驟二： 複製 RedList，並將 RedList1 重新命名為 NonRedList，複製時會跳出一個視窗，請
選擇「No」。

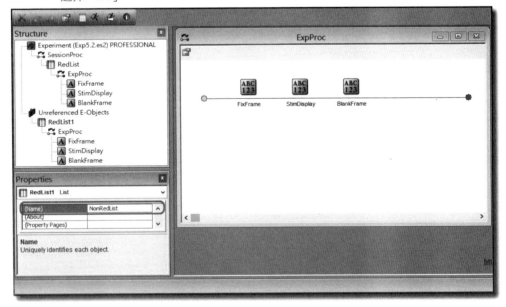

步驟三： 在 RedList 中，將除了 red 以外的那幾行 Weight 都改為 0。

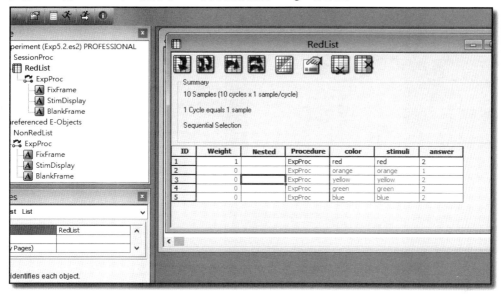

步驟四： 在 NonRedList 中，將 red 那行的 Weight 改為 0。

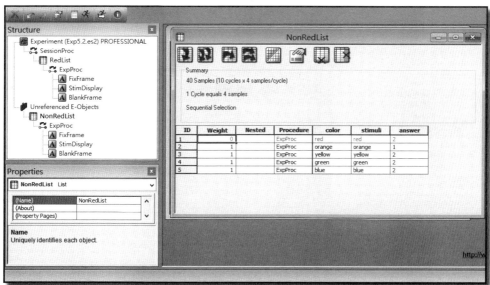

步驟五： 拖曳一個 List 到 SessionProc，重新命名為 BetweenList。

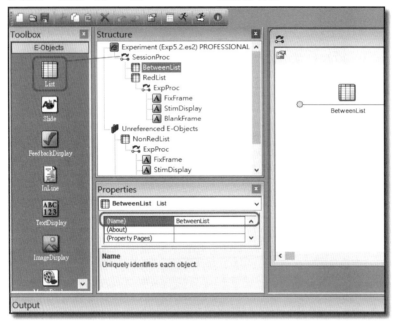

步驟六： 拖曳兩個 Procedure 到 Unreferenced Object。

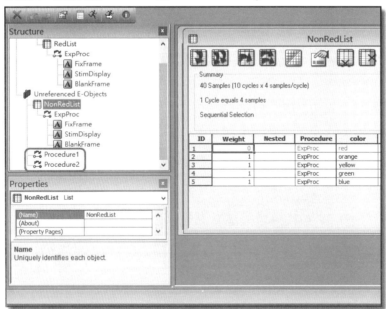

步驟七： 將步驟六產生的兩個 Procedure 分別命名為 RedProc 與 NonRedProc。

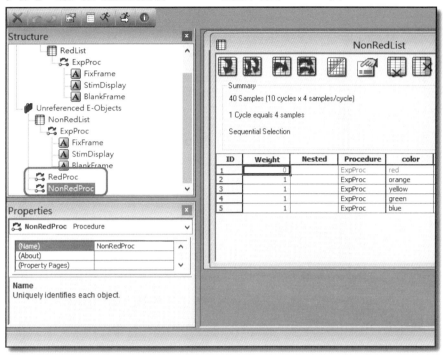

步驟八： 在 BetweenList 中，新增兩行，其中一行的 Procedure 設定為 RedProc、
另一行設定為 NonRedProc。

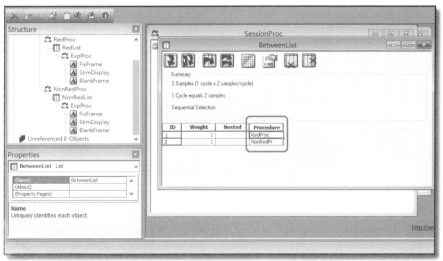

步驟九：將 RedList 拖曳至 RedProc、NonRedList 拖曳至 NonRedProc。

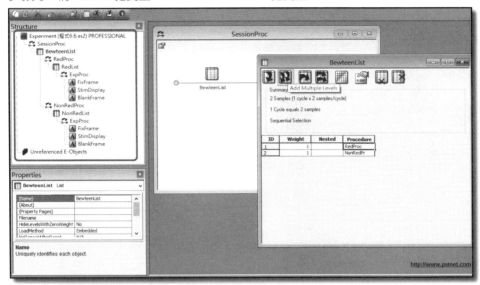

步驟十： 在 BetweenList 屬性設定的頁面，Selection 的部分改為 Random，Reset/Exit 中，
Exit 設定為 After 1 sample（不是 cycle）。

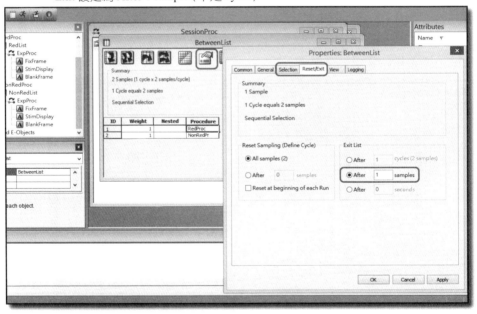

圖 6-11　設定實驗參與者間的程式

完成步驟十後，存檔成為程式 6-10，這個程式的寫法是將紅色和非紅色的嘗試完全分開，並告知程式只要讓實驗參與者看到其中一種，之後就會結束實驗。假設實驗中還是希望他們紅色與非紅色的都要看到，只是希望其中一種全部看完之後才看到另外一種，則在步驟九，不需要針對 Exit 的設定做修改，就是跑完 1 cycle 即可。

 ## 一個實驗完整的面貌

前面的段落分別介紹了實驗中的元素，究竟一個完整的實驗長什麼樣子呢？請參考圖 6-12 的流程。

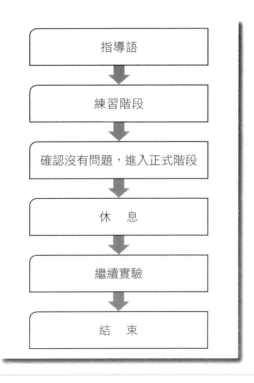

圖 6-12　實驗的流程

除了嘗試的部分之外，大多數的畫面都建議設定為要使用者按鍵後才會跳離，以確保實驗參與者看完畫面上要傳達的訊息。為了確保他們有看，大多數的時候會設定一定要按某個特殊的按鍵（透過 Allowable 做設定）才會跳離畫面，因為若設定為按任意按鍵就會跳離，則實驗參與者很有可能不小心按到按鍵，就沒辦法讀完全部的內容。

另外休息的部分，若真的希望實驗參與者可以休息固定的時間，則可以設定 Duration，然後強制一定要停留多少時間才會跳到下一個畫面。有些實驗可能會需要一些固定時間長度的干擾階段，這個可以透過 Inline 的設定完成，後面的章節還會做介紹。

最後，實驗中的背景色、前景色、字體大小等，儘量保持一致，讓實驗參與者做起來比較順暢，也不會顯得不專業。

實驗參與者相關資料的蒐集

在做實驗的過程，我們通常會蒐集一些實驗參與者的基本資料，例如性別、年齡等，這些當然資料可以另外用紙本的方式做蒐集，但若透過 E-Prime做蒐集，則可以將結果檔和實驗參與者的基本資料彙集在同一個地方，其實是比較理想的。

要設定這些東西要在 E-Prime 的 Experiment Object 做設定（之前設定螢幕解析度也是透過更改 Experiment Object 的屬性來做設定），點兩下進入屬性設定後，選擇 Startup Info 的分頁。如圖 6-13 所示，我們會看到預設值，只有 Subject 及 Session 被打勾，若要新增內建好的選項，則必須先在那個項目上點一下，再點選選項前方的方框，就會看到選項如 Subject 和 Session 一樣。圖 6-14 是新增年齡及性別的選項。

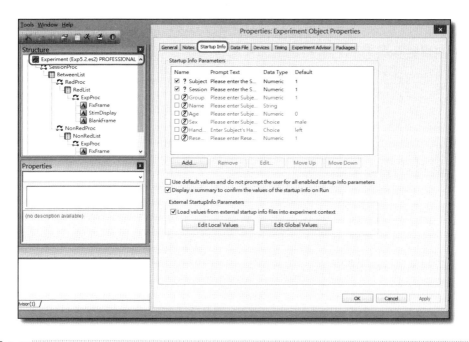

圖 6-13　設定 Startup Info

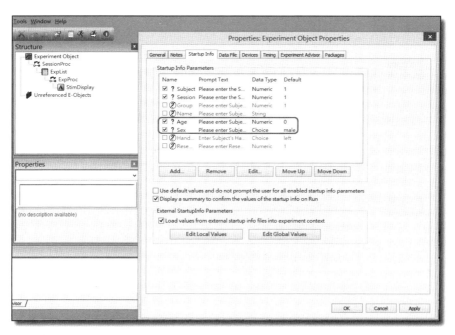

圖 6-14　新增年齡及性別的選項

　　一般而言，我們僅會記錄性別及年齡的資料，因為個資法的關係，建議不要把實驗參與者的名字和結果檔連結在一起，而是另外利用實驗參與者的代號與他的姓名做連結。若是做語言相關的實驗，則需要考量實驗參與者的慣用手。

 小結

　　這個章節介紹了實驗的結構及基本元素，其實基本的東西都已經告訴大家了，建議可以多觀摩別人的程式，或參考第十一章常用心理學實驗程式來精進自己寫程式的技巧。

章節挑戰

1. 寫一個程式，在練習階段針對實驗參與者答對與否，給予實驗參與者不同的聲音及視覺回饋。

　　提示 FeedbackDisplay 的畫面其實和 Slide 是相同的。

2. 寫一個混合設計的程式，有一個獨變項是組間操弄的，另一個獨變項是組內操弄的。例如：請實驗參與者進行奇偶數判斷，但數字的顏色及字型大小為獨變項，又其中顏色為組間操弄的變項。

　　提示 善用 Procedure 的功能。

1. 有時候可以利用一些策略在實驗參與者不知情的情形，進行一些操弄。例如，在實驗正式階段其實包含了兩個 List，但因為 List 中間沒有任何物件，所以對實驗參與者而言，這其實只是一個 List。有些實驗者擔心實驗參與者在正式階段一開始的表現不穩定，所以透過兩個不同的 List 可以輕易地把一些嘗試排除，也可以讓兩個 List 的呈現方式不同，一個為照順序、一個為隨機。總而言之，寫程式時也要想想實驗參與者會看到什麼樣的畫面，最好是自己要實際上做一次，才會知道是否有問題。

2. E-Run Test 這個功能可以自動測試實驗是否有問題，並且可以加入測試，減少浪費的時間。但還是建議實驗者應該要自己完整做完程式一遍，一方面瞭解實驗有多長，以及反應設定上是否有問題。

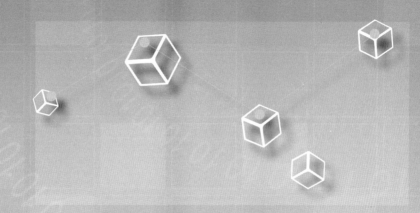

第七章
Nested 功能的介紹

本章介紹

- ·為什麼要用 Nested 功能
- ·Nested 功能的運作機制

Nested 是 E-Prime 中相當重要的一個功能，但也是讓許多初學者感到困惑的一個功能，因為這個功能比較不直觀。在上一個章節我們曾介紹，雖然一個實驗中獨變項的數目可能只有一個、兩個，但很多因素也可能會影響實驗，所以需要被控制。例如在上一個章節介紹的實驗中，理論上應該用不同顏色的墨水去呈現 red、orange、yellow、green 與 blue，而不是每個字只搭配某一個顏色出現一次。最簡單的做法當然是把所有的排列組合都列出來：5（種顏色）× 5（個詞）＝ 25 種，大家可以發現才兩個變項就可能有 25 種組合。

假設還需要考量其他因素，所需要考量的排列組合可能就有上百、甚至千種，要把所有的排列組合都列出來不僅耗時，而且很有可能出錯。因此，非實驗操弄的變項，通常不會把所有的排列組合都列出來；此時就需要應用 Nested 的功能，來創造某種隨機性，讓程式不至於產生系統性的誤差。這只是 Nested 的其中一個功能，這個章節會介紹如何善用 Nested 的功能，讓寫程式變得比較簡單。

功能一：讓程式更有彈性

Nested 一個最好用的功能就是提供程式一些彈性，假設在上個章節介紹的實驗中我們想要加上題號，讓實驗參與者知道自己做到第幾題，那該怎麼做呢？如果用程式 6-4 去修改其實不難，請參考圖 7-1 的步驟。

存檔成為程式 7-1，產生程式碼後執行，就會看到除了文字外也會有題號。這樣看似沒有問題，但若今天我們需要讓不同字隨機呈現，也就是說 ExpList 的 Selection 若設定為 Random，此時題號就會大亂了。因為題號是不能隨機的，但字的部分是要隨機呈現的，在這樣的情境下，Nested 功能就派上用場了，因為我們可以把題號的變數設定在另一個 List 中，並且用 Nested 的方式去連結這個 List 和 ExpList，請參考圖 7-2 的步驟。

步驟一： 在 StimFrame Text 的部分加入 No. [qnumber] 的字樣，並按幾次的 Enter 鍵，讓題號可以出現在字的上方。

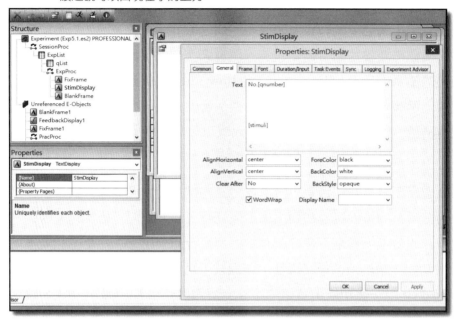

步驟二： 在 ExpList 中加入一個新的 Attribute「qnumber」，並且在第一行填入 1、第二行填入 2，以此類推。

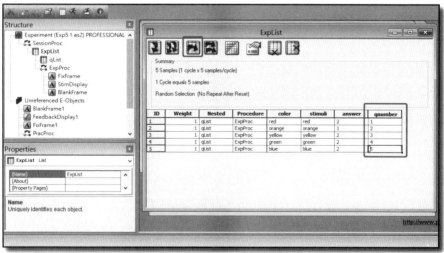

圖 7-1　增加題號

步驟一：延續程式 7-1，但先把 ExpList 中 qnumber 這個欄位刪除。

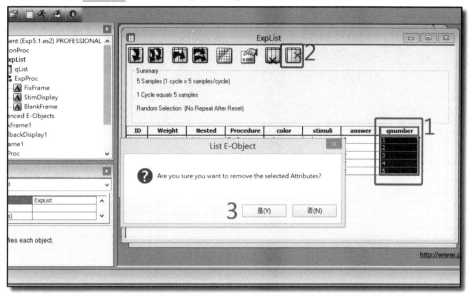

步驟二：將 ExpList 設定為隨機選取。

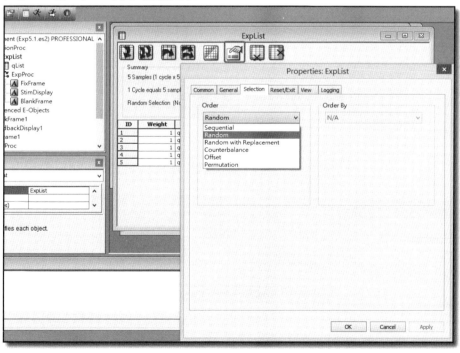

步驟三： 在 Nested 的欄位都填上 qList，此時會看到一個訊息詢問你是否要建立 qList，就
點選確定。確認每一行的 Nested 這個欄位都填上 qList。

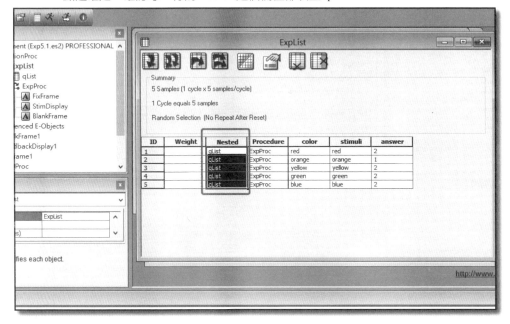

步驟四： 到 qList，在這個清單新增一個 Attribute 為 qnumber。

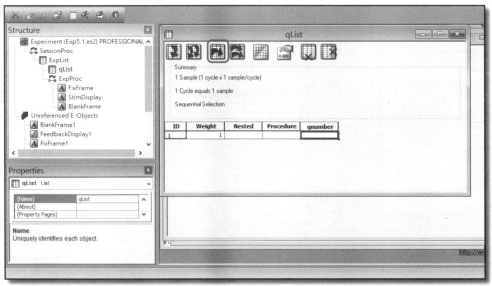

步驟五：增加四行，在 qnumber 這個欄位依序填上 1、2、3、4 與 5。

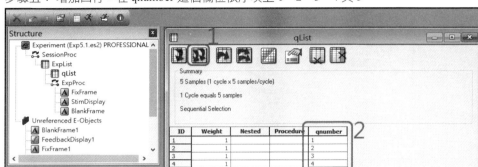

圖 7-2　用 Nested 功能增加題號

　　完成步驟之後，存檔成為程式 7-2，產生程式碼後執行，就會看到文字是隨機呈現的，但是題號是正確的！

 ## 功能二：一次需要選擇多個項目

　　假設我們要寫一個程式讓實驗參與者判斷究竟是左邊的數字比較大，還是右邊的數字比較大。假設我們只用 1-5 的數字，一個可能的寫法就是要把所有可能的排列組合都列出來，但這樣就有 20 種不同的組合（在沒有相同大小的情境下），倘若我們用 1-99 的數字，這組合數目就太多了，我們不可能把所有的排列組合都列出來。此時我們可以利用 Nested 的功能來做設定，請參考圖 7-3 的步驟。

步驟一： 拖曳一個 List 到 SessionProc，並重新命名為 ExpList。

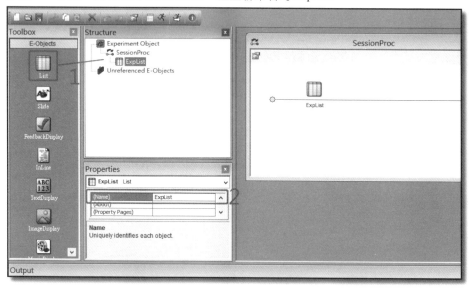

步驟二： 拖曳一個 Procedure 到 Unreferenced Object，並重新命名為 ExpProc。

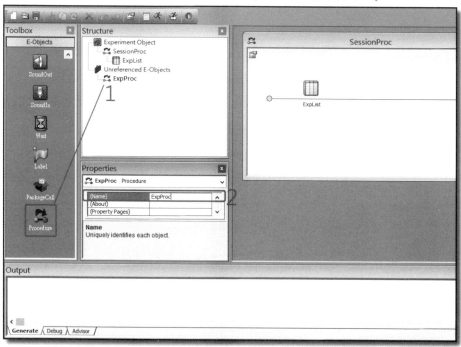

步驟三： 將 ExpProc 設定為 ExpList 中的 Procedure。

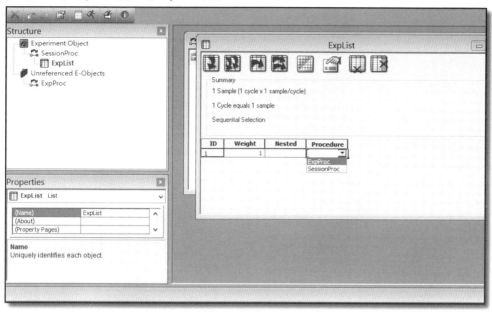

步驟四： 拖曳三個 TextDisplay 到 ExpProc，由左到右依序命名為 FixFrame, StimFrame, BlankFrame。

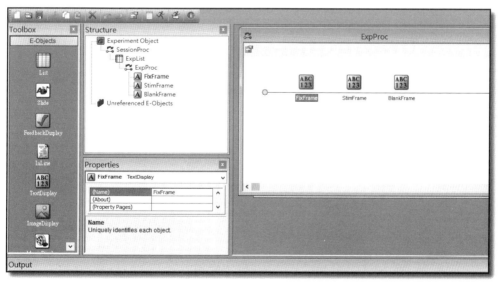

步驟五： 將 FixFrame 的 Duration 設定為 200 毫秒，並在 Text 的部分輸入 +。

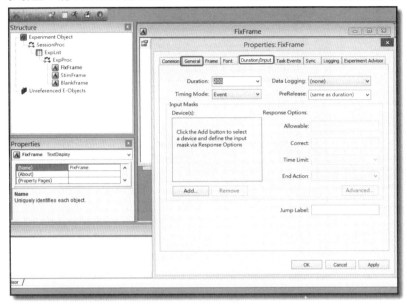

步驟六： 在 StimFrame Text 的部分輸入 [num1] vs. [num2]，並在 Duration/
Input 下設定 Duration 為 (infinite)、Device 為 Keyboard、
Allowable 為 fj、Correct 為 [answer]，按下 Apply。

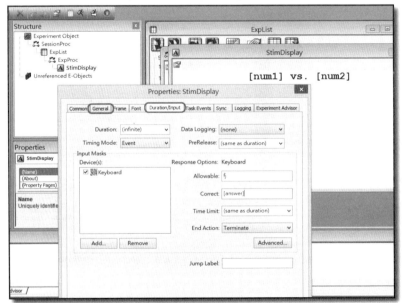

步驟七: 將 BlankFrame 的 Duration 設定為 500 毫秒。

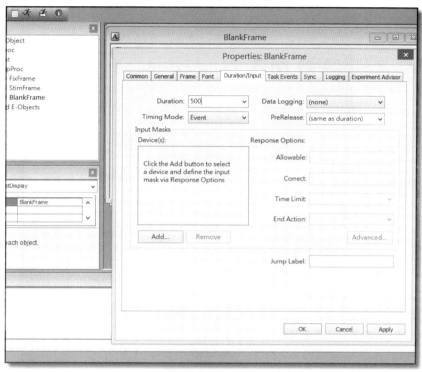

步驟八: 在 ExpList 新增三個 Attribute:num1、num2 與 answer,並在 num1 中填入 [number:0]、num2 中填入 [number:1]。

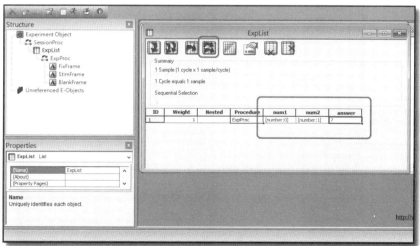

步驟九：在 ExpList 中 Nested 的欄位填入 NumList，並同意建立這個 List。

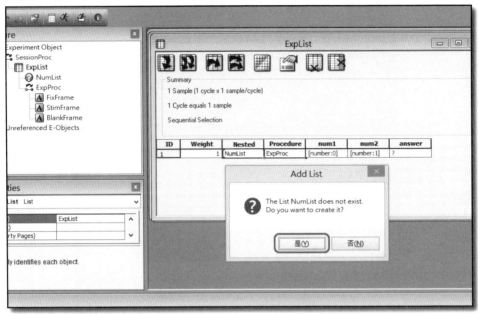

步驟十：在 NumList 中，新增一個 Attribute 為 number，並增加 98 行，由上到下依序輸入 1-99 的數字。

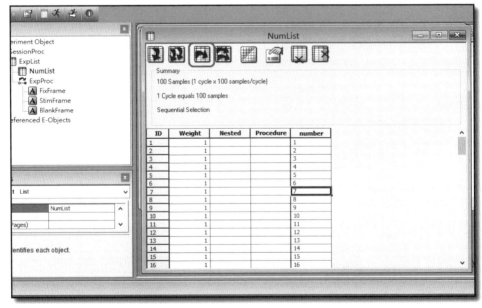

步驟十一：將 NumList 設定為隨機選取的，另外要請各位在 Reset/Exit 的部分勾選 Reset at beginning of each Run [23]。

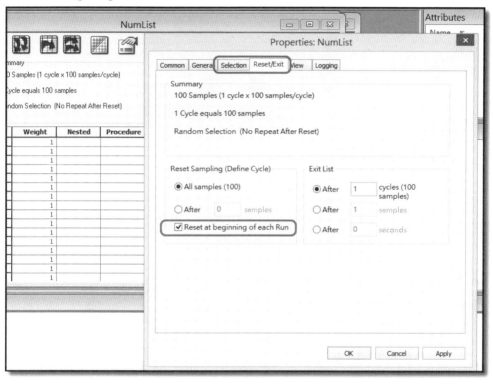

E – Prime
第一次用就上手

步驟十二：拖曳一個 Inline 到 ExpProc，放在 BlankFrame 的右邊（ExpProc 的最後面），並
在裡面輸入如畫面中的字樣[24]。

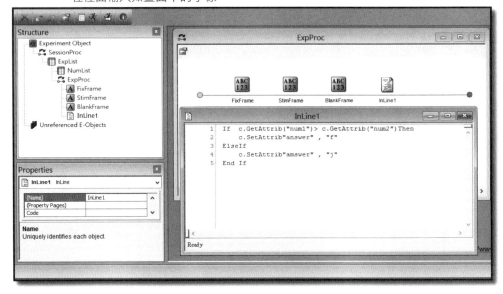

步驟十三：將 ExpProc 當中的 Generate PreRun 的屬性定為「BeforeObjectRun」[25]。

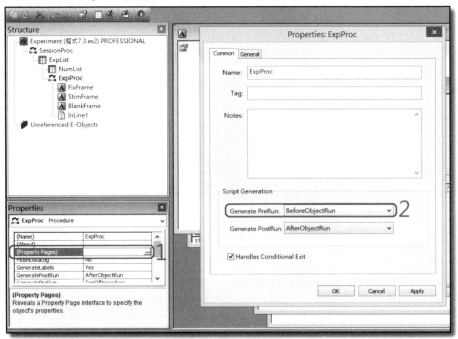

116

步驟十四：將 ExpList 的 Weight 改為 5。

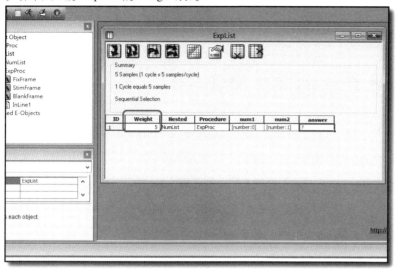

圖 7-3　隨機選取多個項目

　　存檔成為程式 7-3，產生程式碼後執行，就會看到一次出現兩個數字，目前設定是左邊的數字大就應該按 f 鍵、右邊的數字大就應該按 j 鍵。大家可以發現在 ExpList 中雖然只有一行，但卻完成了全部的程式，這就要感謝 Nested 功能的幫忙。但初學者對於 Nested 功能通常感到相當恐懼，以至於寫出來的程式非常繁瑣，且容易出錯。其實只要搞清楚 Nested 功能的運作方式，其實是非常方便的。

　　在程式 7-2 及程式 7-3 中，雖然都使用了 Nested 的功能，但大家有沒有發現是有些許差異的；在程式 7-2 中，原本的 ExpList 並沒有一個變數和 Nested 的 List 有關係；但在程式 7-3 中，ExpList 中的 num1 與 num2 都和 Nested List 中的 qnumber 這個變數有關係。從這兩個例子的比較大家可以發

24　Inline 的部分之後會介紹，這幾行程式碼的用意就是要設定正確答案，假設 num1 的數字大，正確答案就是設定為 f；假設 num2 的數字大，正確答案就是設定為 j。

25　這樣的設定是為了要重新定義 ans 這個變數的值，若沒有設定為 "BeforeObjectRun" 則沒有辦法重新定義 ans 的值。

現,其實可以直接在 Nested 的 List 中去定義 Procedure 中所需要的變數,而不需要透過 List 及 Nested 的 List 共同來作定義 [26]。

 # Nested 功能的運作模式

在稍微瞭解 Nested 的功能後,我們來介紹一下 Nested 功能的運作模式。其實 Nested List 和一般 List 的運作方式是相同的,都是每執行一個嘗試就會用掉 List 中的一行。要請大家想像,假設 List 中有 30 行,不論是否設定為隨機,在執行一個嘗試後,就會剩下 29 行。倘若 List 共有 30 行,但 Nested List 有 15 行,則在第 15 行用畢後,程式自動會再重複一次,即使程式中沒有做設定,如圖 7-4(A) 所示。

另外一種情形是 Nested List 數目會超過 List 的數目,有 ExpList1 與 ExpList2,在 ExpList2 就會從剩下的 Nested List 的項目開始取用,若用完了才會重複一次,並非換了一個 List,Nested List 就會重新開始,請參考圖 7-4(B)。

List 1 有30個項目	Nest1 有15個項目	List 1 有15個項目	Nest1 有30個項目
L1:1	N1:1	L1:1	N1:1
L1:2	N1:2	L1:2	N1:2
⋮	⋮	⋮	⋮
L1:15	N1:15	L1:15	N1:15
繼續使用List 1	重複使用Nest1	List 2 有15個項目	繼續使用Nest1
L1:16	N1:1	L2:1	N1:16
L1:17	N1:2	L2:2	N1:17
⋮	⋮	⋮	⋮
L1:30	N:15	L2:15	N1:30

(A)Nested List Row 數目較少   (B)Nested List Row 數目較多

圖 7-4 　　一般 List 和 Nested List 的運作模式

---

[26] 要注意在 List 及 Nested List 中不要用同樣的名稱去命名變數,否則可能會造成程式執行以及結果分析上的困擾。

若實驗中需要透過 Nested List 一次選取兩個或更多的項目，則需要在 ExpList 中指定要抽取的項目是哪一個。例如在程式 7-3 中，num1 設定為 [number:0 [27]]，就表示是要 Nested 的 NumList 殘存的項目中，number 欄位的第一行的刺激；num2 設定為 [number:1]，則表示是要 Nested 的 NumList 殘存的項目中，number 欄位的第二行的刺激。

另外，若一次需要抽取兩個或更多的項目，會建議在 Nested List 要設定 Reset at beginning of each Run [28]。雖然這樣的方式不是最理想的（沒有辦法確保實驗參與者一定會看到所有 Nested List 中的項目），但至少可以確保不會隨機抽到兩個同樣的東西，如圖 7-5 所示，第五個嘗試的兩個項目會是相同的。

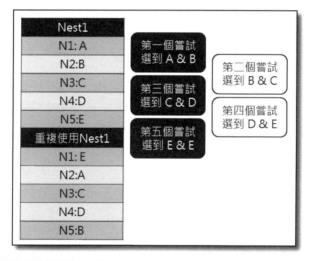

圖 7-5　Nested List 抽到重複的項目

---

[27] E-Prime 中是以 0 當作第一個項目，其實很多程式語言都是如此。

[28] 如果一次只抽取兩個項目，則不一定要設定為 Reset at beginning of each Run。可以在 List 屬性設定的 Selection 分頁下，將 No repeat after Reset 設定為「Yes」即可。超過兩個，則建議還是要 Reset at beginning of each Run。

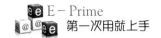
 # Nested List 中的 Nested List

　　首先，我必須承認這樣的做法有點走火入魔，但有些程式確實會有這樣的需求。例如某些項目要隨機、某些要照順序抽取，若只用 Nested List 功能，則無法達到此目的。因為這樣的想法提供了程式更大的彈性，可以隨機、序列然後又隨機的去抽取所需要的刺激材料，但在命名時要特別小心。Nested List 中的 Nested List 運作方式基本上和 Nested List 相同，所以掌握Nested List 的基本原則就可以了。

　　有的時候用 Nested List 中的 Nested List 純粹只是寫程式的人想要讓程式寫得很好看，看起來條理分明，對初學者而言不見得需要如此。

 # 小結

　　在不用 Inline 語法前，Nested 功能的使用對初學者來說是最困難的，但若弄清楚 Nested 運作的模式，其實沒有想像中的困難。好好使用 Nested 功能，其實大部分的程式都寫得出來，也可以寫出簡潔有力的程式。

 # 章節挑戰

1. 寫一個數學能力檢測的實驗程式，程式中實驗參與者會隨機看到加法、減法、乘法及除法的題目，但每種類型的題目都是從簡單到複雜。

　　提示 原本的 List 要隨機呈現，但 Nested 的 List 要照順序呈現。

2. 寫一個程式要實驗參與者判斷畫面上的兩個英文字母是否皆為母音。

提示 List 中的每一行所 Nested 的 List 會是不同的。

小訣竅

1. 可以利用修改 Nested List 的 Weight 來設定不同刺激材料出現的頻率。

第八章
E-Prime 結果分析

本章介紹

- ・針對結果檔進行整理
- ・用 E-DataAid 分析資料

對做實驗的人來說，分析結果是相當重要的一個部分，E-Prime 最讓人稱讚的一個部分就是結果分析的便利性。不過先決條件是，程式要寫得好，初學者最常犯的錯誤就是程式沒有寫完整，造成資料分析時需要花很多時間做後製。所以提醒大家，在寫程式的過程要時時去思考這樣的結果要怎麼分析（善用 Attribute 的設定），是否有方法可以讓分析起來更方便。

找到結果檔

建議大家可以利用程式 6-4 蒐集一些資料，才有資料可以照著本章介紹的方法來練習分析 E-Prime 的結果。

要分析資料的第一個任務就是要找到結果檔，E-Prime 的結果檔會和實驗程式被放在同一個路徑下，建議大家為每個實驗建立一個獨立的資料夾，在結果分析時較不會發生錯誤。需要的檔案為 .edat 的檔案類型。

完成實驗的實驗參與者基本上會有 .edat 及 .txt 檔，在連結 E-Prime 與 fMRI 使用時，往往會需要參考 .txt 的資訊，這個部分就需要很多後製的處理了，也不是本書會介紹的範圍。倘若有實驗參與者因故沒有完成實驗，則不會產生 .edat 檔，但會有一個 .txt 檔的形成。

在少數的情境下，實驗參與者雖然沒有完成實驗，但我們仍會想要分析他們的資料，此時必須透過 E-Recovery 來做資料的復原。首先，要請大家在程式集 → 開始 → 找到 E-Prime 的資料夾 → 選擇 E-Recovery，如圖 8-1 所示。

點開 E-Recovery 後會看到如圖 8-2 所示的畫面，請點選 Browse，找到你需要回復的那筆資料的 .txt 檔。找到之後按下 Recover 的選項，就會自動產生 .edat 檔，同樣會放在和程式所在的同一個路徑下。因為按完 Recover 後不會有什麼回饋的畫面，大家不要覺得很奇怪，去找找看就會看到有新的 .edat 檔產生了。

E-Prime
第一次用就上手

圖 8-1　找到 E-Recovery

圖 8-2　E-Recovery 的選單

將結果檔合併

在大多數的實驗，我們會蒐集一定數目的實驗參與者的資料，在結果分析時我們需要先把這些結果檔合併，以利後續的分析。當然若有時間，想要一筆一筆分析也是沒有問題的，但強烈不建議這麼做。

首先，要請大家在程式集 → 開始 → 找到 E-Prime 的資料夾 → 選擇 E-Merge，如圖 8-1 所示。點開 E-Merge 後就會看到如圖 8-3 的畫面，此時要找到結果檔所在的路徑，並且把需要合併的檔案反白，然後按下 Merge 按鈕。程式會問你要如何命名，就用一個對你而言有意義的方式來命名；程式會問你這個檔案尚未存在，你是否要建立這個檔案，選擇 OK 就可以了。此時就會看到同一個路徑下，新增了一個 .emrg 的檔案。

圖 8-3　E-Merge 的選單

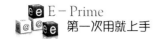
　　若在結果分析的過程中已經先產生了一個 .emrg 的檔案，後來新增的資料也可以繼續合併在那個 .emrg 檔中，只要在合併時告知程式即可。在合併檔案的過程，下方的畫面（如圖 8-4）會告知有多少檔案被合併，並且告知為何有些檔案沒有被合併，大家可以留意一下。通常沒有被合併的檔案都是有問題的，建議直接刪除。

圖 8-4　合併檔案時的訊息

 瀏覽結果檔

　　雖然每一筆 .edat 檔案也可以直接打開、被分析，但我們建議大家不要這麼做。以下介紹的內容 .edat 及 .emrg 檔案都適用。要打開結果檔，就在檔名上點兩下，檔案就會在 E-DataAid 下被開啟，會看到如圖 8-5 的畫面。

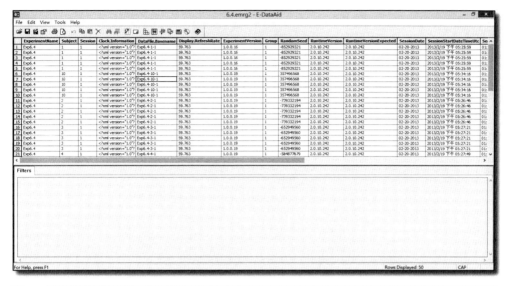

圖 8-5　E-DataAid 的選單

　　在多數的情形下 E-Prime 的結果檔欄位會非常多，讓人眼花撩亂，我們會建議大家先用肉眼快速瀏覽，看看是否有不尋常的地方，例如太多 NULL，或是在正確率的欄位太多 0（顯示實驗參與者答錯了）。當然這個任務對初學者來說實在太困難了，所以我們建議大家可以先去 Tools 下選擇 Arrange Columns，如圖 8-6 所示。

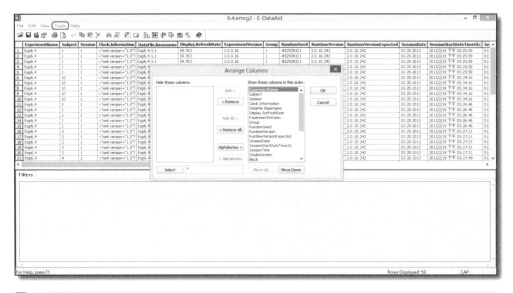

圖 8-6　　Arrange Columns

　　大家可以先選擇 Remove All，然後把需要的欄位加進去，一定需要的是
Subject，以及實驗中的獨變項、依變項等的選項。請大家利用<u>程式 6-4</u> 蒐集
一些資料（<u>程式 6-4</u> 並非完美的程式，但在練習資料分析上是沒有問題的）。
以這個實驗為例，需要的欄位為 Subject、RedorNot、StimFrame.ACC、
StimFrame.RT、color。在選擇完之後按下 OK，就會發現結果檔變得清爽多
了 [29]。

---

[29]　沒有呈現出來的欄位並非被忽略，只是沒有被呈現。但若用 filter 過濾結果檔，被過濾
　　掉的就是不會被放入分析。

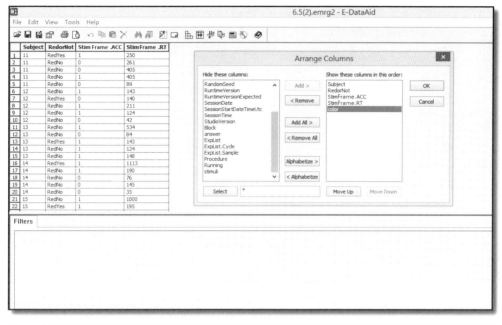

圖 8-7　Arrange Columns 後的結果

分析結果檔

　　瀏覽結果檔若沒有太大的問題，就可以到 Tools 選擇 Analyze ，就會看到如圖 8-8 的畫面。在這個畫面中，一般而言[30]我們會把 Subject 放到 Rows 的框框內，獨變項放在 Column，依變項放在 Data 的部分。以這個實驗為例，若我們先進行正確率的分析，則要請大家把 Subject 放到 Rows，RedorNot 放到 Columns，StimFrame.ACC 放到 Data，如圖 8-8 所示。

---

[30] 因為一般的試驗都是 by subject 去做分析，若要 by item 做分析，則要把 Subject 放到 Column。

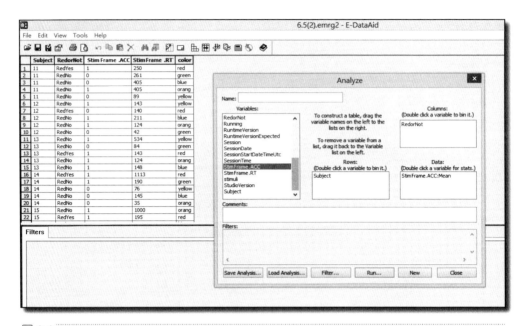

圖 8-8   分析結果檔的選單

　　只要按下 Run ，就會看到結果已經分析完成，如圖 8-9 所示。可以按下
Export to Excel 把結果檔直接匯入 Excel，或是直接拷貝，當然也可以匯入
SPSS，但建議大家選擇 Export to Excel 的選項，因為除了結果檔之外，也
會把分析時所設定的一些相關訊息都匯入到 Excel 留存[31]。

---

[31] 檔案過大時，Export to Excel 有時候會需要較長的時間，或有可能當機。

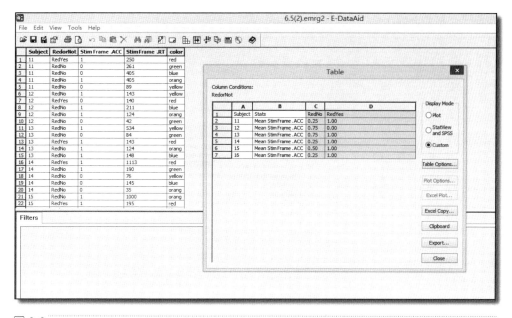

圖 8-9　E-Prime 分析的結果

　　倘若我們覺得這次分析所設定的選項之後還會用到，可以選擇圖 8-8
左下方 Save Analysis 的選項，命名這個分析的方式，日後分析時，只要在
Load Analysis 選擇這個分析的方式，系統就會自動幫你把變項放到你先前存
檔的分析方式中所指定的欄位內。

　　E-Prime 除了最基本的分析外，也可以設一些過濾器，例如在分析反應
時間時，我們通常不會分析答錯的嘗試。此時就會用到 Filter 的功能，直接
點選圖 8-8 正下方的 Filter，就可以設定一些過濾器。以這個結果檔為例，
若我們要分析 StimFrame 的反應時間，請參考圖 8-10 的步驟。

步驟一： 在 Column name 選擇 StimFrame.ACC

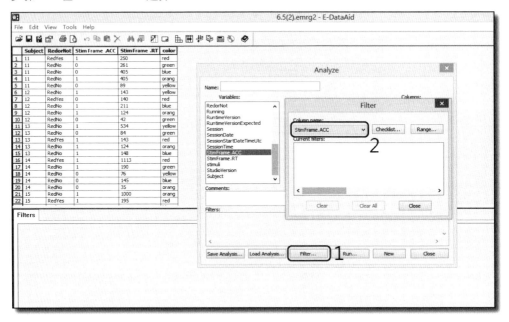

步驟二： 選擇 CheckList

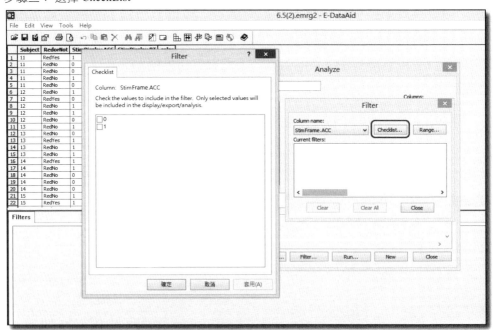

步驟三： 勾選 1（表示我們只要分析 StimFrame 答對的嘗試）

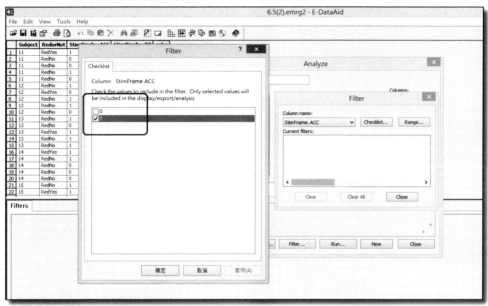

步驟四： 按下 Close 即可

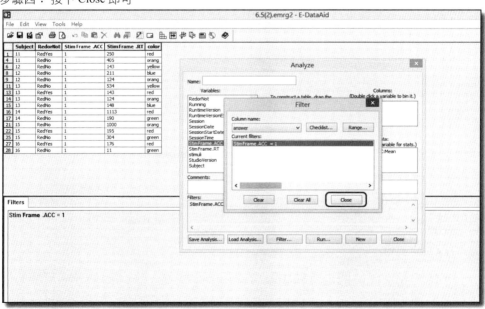

圖 8-10　設定正確率的過濾器

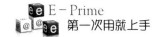

　　並非所有的過濾器我們都會設定用 CheckList，例如若要設定反應時間，則我們會利用 Range 來做設定，但按下 Range 後有時候可能會跑比較久，請按耐心等待。

　　在 E-Prime 的分析中，預設是使用平均數做分析，但其實它也提供了用其他指標做分析的可能性，只要在 Data 欄位，在變項上面點兩下，如圖 8-11 所示，就可以選擇自己所欲採用的指標。

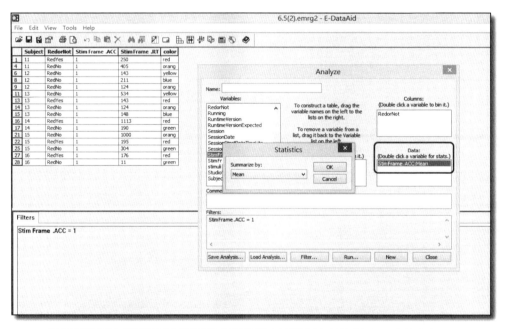

圖 8-11　設定使用其他指標做分析

分析反應時間

　　正確率和反應時間是實驗中最常使用的依變項，在此另外介紹反應時間的分析方式。除了上述，設定只分析答對的嘗試外，我們通常也會設定反應時間的範圍，因為太快或太慢的反應在用平均數分析時，都會對結果造成影響。通常我們會設定 200 毫秒以上至平均反應時間加上 2 或 3 個標準差（需要另外計算）的範圍，因為低於 200 毫秒可能暗示實驗參與者是亂按的，太慢的嘗試有可能是因為實驗參與者分心了，或是前一題答錯了因此格外的小心。

要做這樣的設定，同樣要先點選 Filter，然後選擇 StimFrame.RT 後，選擇 Range，然後照圖 8-12 做設定，按下 OK 就可以了。

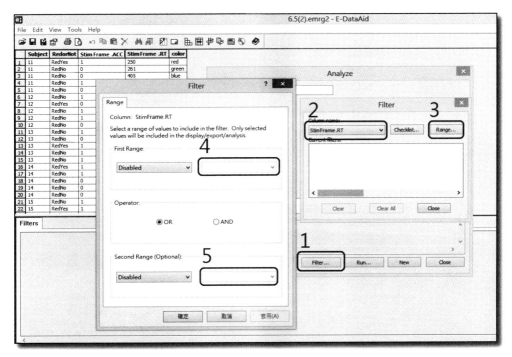

圖 8-12　設定反應時間的範圍

小結

結果分析的部分其實可以設很多的 Filter，不同實驗有不同的需求，但原則是相同的，掌握基本的應該就沒有問題了。

章節挑戰

1. 對同一筆資料針對正確率做分析，此外要和分析反應時間時設定相同的反應時間範圍。

   提示 記得要移除不需要的 Filter 設定。

小訣竅

1. 要避免分析練習階段的嘗試，記得在 Filter 把 PracProc 勾選 NULL，這樣就可以避免練習階段的結果影響整體實驗的結果。

2. 一般而言都是針實驗參與者做分析，但有的時候為了確保實驗結果並非因為某些特殊的刺激材料所造成的，也會需要針對刺激材料項目做分析，也就是所謂的 by item 分析。做法很簡單，把 Subject 放到 row、刺激材料的變數放到 column 就可以了，不過要記得另外注意刺激材料的屬性類別，才方便進行後續的分析。

第九章
Inline 語法使用
—— 基礎篇

本章介紹

- 定義變數
- 讓變數和程式產生關係
- 變數搭配邏輯判斷式的使用

E-Prime 之所以會受到歡迎的原因就是因為它很容易，只要利用簡單的拖曳，就可以寫好程式，比起一些其他的軟體容易上手。此外，若搭配 Inline 語法的使用，幾乎可以完成大部分的實驗設定，可以說是沒有什麼無法達成的。

E-Prime 的語法是建構在 Visual Basic 上建立的，所以懂 Visual Basic 的朋友在撰寫語法上會相對容易，但就算沒有基礎也沒有關係，Inline 沒有想像中的困難。這個章節會介紹 Inline 的基礎，下一個章節會介紹一些進階的應用。

 定義變數

會需要用到 Inline 通常是需要針對一些變數去做設定，此時也會需要搭配一些變數的使用，例如在第五章時我們介紹了用 AskBox 來蒐集實驗參與者輸入的資料，就定義了「string」為一個字串的變數（dim Answer as String）。

在哪裡定義變數

在 E-Prime 中要定義變數可以在兩個地方做定義，首先是在 Script 的部分，大家可以回想在第二章介紹過的內容，按下 Alt + 5 會出現一個 Script 的視窗，就是要在這個地方做定義。這個視窗的下方可以選擇 User 或是 Full 的分頁，我們只能夠在 User 這個分頁去做設定（如圖 9-1 所示），Full 的分頁是 E-Prime 本身產生程式碼的部分，是沒有辦法手動做修改的。在 User 分頁下定義的變數可以在整個程式中被使用，所以若有一些變數是整個程式都需要的則要在這裡做定義。

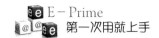

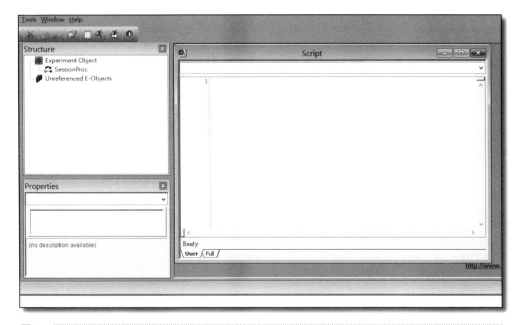

圖 9-1　　在 User 分頁下定義變數

　　第二個可以定義變數的方式就是在 Inline 元素中，只要拖曳一個 Inline 到 SessionProc 上的任何位置，然後在 Inline 中做定義就可以。這樣的設定方式，Inline 變數只會影響在它右邊（也就是時序上較晚的）的程式；假設 Inline 是被拖曳到某個 Procedure 中，那麼僅有那個 Procedure 會受到 Inline 中所定義的變數的影響。所以要看實驗的需求來決定，究竟要在哪個地方去定義變數。

如何定義變數

　　定義變數的方式非常的簡單，只要用「dim 某變數 as 某屬性」的指令就可以了，變數名稱的命名基本上和先前介紹過的命名注意原則相同：不能用數字為首的命名方式，此外不要用一個程式內建變數同樣的名稱來命名（例如 end、begin 等）。另一個需要注意的是，大小寫要注意。表 9-1 也列出常用的變數，在 E-Prime 的使用說明手冊有更詳細的介紹。

其實除非特殊的需求，否則用 integer 和 string 這兩類的變數就可一招行遍天下了，我們會舉例讓大家知道。

表9-1　常用的定義變數類型

用法	意涵
Dim tempnum as integer	定義 tempnum 為整數，起始值為 0。
Dim temptime as long	定義 temptime 為數字，可以接受較大的數值，起始值為 0。
Dim tempword as string	定義 tempword 為一個字串，若沒有定義則是一個空集合（沒有內容）。

讓變數和程式產生關係

之所以會需要使用 Inline，就是利用既有的拖曳功能已經沒有辦法完成實驗的需求，或是要用一個比較簡單的方式來完成程式的撰寫。既然如此，就要能夠把變數做一些操弄。首先大家要先搞清楚，利用 Inline 的方式定義的變數，和先前在 List 中定義的變數是不同的。在 Inline 中若要針對 List 中定義的變數進行操弄要把這些變數叫出來，但若是用 Inline 定義的變數則直接可以進行操作[32]。以第五章用到 Inline 為例子。

```
dim Answer as String
Answer = askBox("Please type the numbers.")
c.SetAttrib "EnterResponse.RESP", Answer
```

---

[32] 這兩類變數另外一個差異就是用 Inline 定義的變數不會自動被儲存在結果檔，但用 List 中定義的變數會自動被儲存在結果檔。

表 9-2 用口語的方式來解釋 Inline 語法。若沒有第三行的 Inline，則即使實驗參與者在 AaskBox 中輸入了 786541，則在結果檔也不會有紀錄。只有在加入第三行的 Inline 後，才會看到 EnterResponse.RESP 欄位記錄到 786541。會有這樣的差異是因為 Answer 是在 Inline 中才定義的變數，所以不會被儲存下來。

表 9-2　Inline 語法解說 (1)

dim Answer as String	先定義 Answer 是一個字串變數。
Answer = askBox("Please type the numbers.")	定義 Answer 等於 AskBox（跳出請實驗參與者輸入的那個視窗）內輸入的內容。
c.SetAttrib "EnterResponse. RESP", Answer	定義 EnterResponse.RESP 的值就是等同於 Answer 的字串，並且會將 EnterResponse.RESP 做儲存。

抓變數

要讓那些在 List 中定義的變數所指稱的內容可以被操作，我們必須要把那些變數抓出來，只要在 Inline 中輸入「c.GetAttrib("List 定義的變數名稱 ")」，就可以把變數所指稱的內容抓出來了，通常會設定某變數 = c.GetAttrib……。

讓我們回顧一下第七章中出現過的 Inline

```
If c.GetAttrib("num1")> c.GetAttrib("num2")then
     c.SetAttrib "answer", "f"
elseif
     c.SetAttrib "answer", "j"
end if
```

表 9-3 用口語的方式來解釋上述的 Inline 語法。

眼尖的朋友可能會有個問題，為什麼 f 和 j 都要用引號框起來？大家可以想想，如果沒有用引號框起來，就表示那是一個用 Inline 定義過的變數名稱，如果我們先前沒有定義一個變數為 f（例如 dim f as integer），則在產生程式碼時也會出現錯誤訊息。用引號框起來的目的，就是告訴程式這是一個字串，不是變數。

表 9-3　Inline 語法解說 (2)

If c.GetAttrib（"num1"）> c.GetAttrib（"num2"）then	請程式比較 num1 是否比 num2 所指稱的值來得大，若為真要執行下面的指令。
c.SetAttrib "answer", "f"	把 answer 這個變數定義為 f。
elseif	指如果 num1 沒有比 num2 大時則要執行下面的指令。
c.SetAttrib "answer", "j"	把 answer 這個變數定義為 j。
end if	告知程式判斷式結束了，如果沒有加上 end if，則在產生程式碼時會出現錯誤訊息。

儲存變數

在上面的例子中其實也讓大家看到怎麼儲存變數了，其實就是用「c.SetAttrib "List 定義的變數名稱 "，用引號框起來的內容或某個 Inline 定義的變數名稱」。例如在上面例子的第二行，我們就是定義了 List 中的 Answer 這個變數的值就是等於 f。又在 c.SetAttrib "EnterResponse.RESP", Answer 這個例子中，我們定義了 List 中 EnterResponse.RESP 這個變數的值等於在 Inline 中定義的 Answer 這個變數。

在第七章有稍微提到，這邊再次說明，E-Prime 2.x 的版本有一個惱人的設定，就是 Procedure 屬性預設不能用 Inline 來重新定義變數的值。也就是說，就算 Inline 中有告知要儲存變數的值（例如上述例子中我們將正確

答案重新定義為 "f" 或 "j"），這些新的值只會被存下來，但不會影響程式的
執行。所以要請大家記得把 Procedure 的屬性中，Generate PreRun 改變為
「BeforeObjectRun」，如圖 9-2 所示。

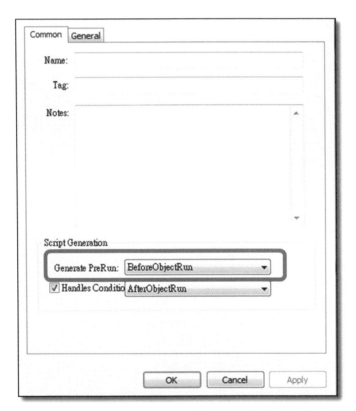

圖 9-2　更改設定允許 Inline 重新定義變數的值

小心使用 Inline 定義的變數

用 Inline 定義的變數固然讓程式撰寫增添了不少彈性，但使用上也要非
常小心，因為非常容易出錯，而且這些錯誤在產生程式碼時不見得會被偵測
到。Inline 放的位置非常重要，因為 E-Prime 是一個線性的結構，所以基本

上在前面的程式會先被執行，在撰寫時要格外的小心，尤其是若 Inline 中有需要抓 List 中定義的變數值或是重新儲存 List 定義的變數時，Inline 寫在不同的位置會有完全不同的結果。

搭配判斷式的使用

在介紹了如何操弄變數後，接著就是要簡介一些常用的判斷式。

1. 「**If... then... end if**」：最常使用的判斷式，就是請程式做一個條件的判斷，若符合時執行什麼指令。也可以在 then... 之後加上 elseif，就可以定義若不符合時要做執行什麼指令。

2. 「**Do... until...**」：就是要程序執行 Do 之後的指令，直到符合 until 後所定義的條件。

3. 「**<>**」：不等於，除了 > 和 < 外也很常用的判斷。

4. 「**" "**」：引號中沒有東西，也就是告訴程式，你定義了一個空集合。通常是當程式需要判斷實驗參與者是否有按鍵時使用，例如 if c.GetAttrib "StimFrame.RESP"<> "" 就是定義如果 StimFrame 這個畫面實驗參與者有按鍵時要執行後續的程式碼；若沒有按鍵則不會進入這個迴圈。

5. 「**Random（A,B）**」：會在 A 和 B 這兩個數值間隨機產生一個整數。

6. 各位若還記得在第五章我們有提到在 2.0 Standard 的版本中要設定多個正確答案，需要使用 Inline 來做設定，現在我們來說明該怎麼做。首先假設我們在 List 中用 ans1 與 ans2 來定義兩個正確答案，實驗參與者按鍵反應的畫面為 StimFrame，我們會寫下列的 Inline 來設定 StimFrame 是否答對，不論實驗參與者按鍵是符合 ans1 或 ans2 的設定答案，系統都會記錄實驗參與者那題是答對的。

```
If c.GetAttrib ("StimFrame.RESP") = c.GetAttrib ("ans1") then
     c.SetAttrib "StimFrame.ACC", 1
End if
If c.GetAttrib ("StimFrame.RESP") = c.GetAttrib ("ans2") then
     c.SetAttrib "StimFrame.ACC", 1
End if
```

小結

基本上指令實在太多了，大家可以參考 Visual Basic 的指令，但其實用 If... then... 真的就可以打遍天下了。重要的是想出程式的邏輯判斷式，這往往是比較困難的部分，下一個章節我們要介紹一些大家實驗中常會需要使用到的 Inline 功能。

章節挑戰

1. 寫一個程式，會根據實驗參與者輸入的內容而更改下一個畫面會出現的內容。

   提示 可以將下一個畫面呈現的內容設定為一個 List 所定義的變數 A，然後在這兩個畫面間加入一個 Inline，內容為設定該變數 A 的值。

2. 寫一個程式，只用一個 List，但實驗參與者每做 10 個嘗試後就要休息 10 秒，然後才會繼續做實驗。

   提示 這個程式有兩種寫法，若用目前已經介紹的內容，則可以在每個嘗試的最前面或最後面加一個空白的畫面，並且用 List 所定義變數來設定這個畫面的呈現時間，然後透過 Inline 來改變呈現時間的數值。另一個寫法，需要利用 Goto... Label 的語法，下個章節會做介紹。

1. c.GetAttrib("abc") 和 c.GetAttrib(abc) 是不同的意義，前者會去抓 List 所定義的 abc 這個變數的值，後者會去抓 Inline 所定義的 abc 這個變數的值。靈活運用這樣的差異可以讓程式更有彈性。

第十章

Inline 語法使用
——進階篇

本章介紹

・常用 Inline 語法介紹

Ｉnline 語法其實是非常好玩的東西，但範圍實在太廣了，我們沒有辦法一一做介紹，其實作者也是需要的時候 Google 一下別人的做法。在 Google 上有討論團體（http://groups.google.com/group/E-Prime）是專門在討論 E-Prime 的，除此之外，E-Prime 公司本身的售後服務也非常讚，有註冊的帳號，只要提問給他們，基本上兩天內會收到解答，他們甚至會幫忙寫程式的範例！

在這個章節，我們介紹一些常用的 Inline 語法，建議大家打開程式檔，搭配文字閱讀。

針對練習階段做一些設定

設定練習階段的門檻

練習階段顧名思義是要讓實驗參與者能夠熟悉實驗，但有時候練習階段的用意更希望讓實驗參與者的表現達到一定的水準，以降低個別差異對於結果造成的影響。所以有的時候會設定正確率要達到某一個水準，才能夠進入正式的階段。要請大家先用口語的方式來想像該怎麼做（參考圖 10-1）：首先，程式需要能夠記錄實驗參與者在練習階段的表現；第二步，要設定一個判斷式，如€果實驗參與者達到那個水準，才能夠進到實驗的下一個階段。

用程式的語言該怎麼做呢？針對第一個步驟其實很簡單，只要有設定 FeedbackDisplay，並且做正確的設定，E-Prime 有內建的程式碼會記錄 FeedbackDisplay 的正確率（假設實驗中 FeedbackDisplay 被重新命名為 feedback1，則 feedback1.ACCStats.Mean 就是練習階段正確率的平均值）及反應時間（feedback1.RTStats.Mean）。

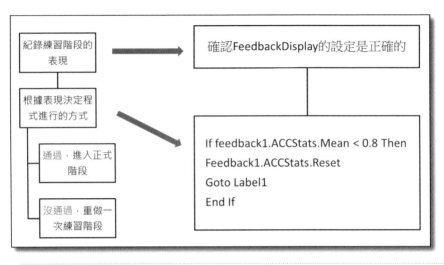

圖 10-1　解說如何設定練習階段門檻

　　第二個部分我們需要寫一個程式碼，下列的程式碼是將標準設定在 80% 正確率（E-Prime 中用 0 至 1 表示正確率，所以 80% 要用 0.8 表示），並告知正確率若沒有達到 80%，則需要跳到 Label1。

```
If feedback1.ACCStats.Mean < 0.8 Then
        Feedback1.ACCStats.Reset
        Goto Label1
End If
```

　　Label 是我們之前沒有介紹過的元素，其實 Label 就是在程式中設定幾個位置，讓實驗的流程可以回到過去，如同先前提到的，E-Prime 或大部分程式其實都是一個線性的運作方式，都是一去不復返的，除非做一些特別的設定。Label 就是提供這個可能性。但要注意的是指定要去的那個 Label 和 Inline 必須在同一個 Procedure 上，也就是說不能隨便跳來跳去！請參考程式 10-1 的範例，就可以發現 Label1 和 Inline1（也就是有指定要 Goto

Label1）都是在 SessionProc 上，所以是沒有問題的。

畫蛇添足篇

　　在範例中，會根據實驗參與者練習階段的表現來更改 EndPrac 所呈現的文字，這個是專屬於 TextDisplay 的用法，直接在 Inline 中定義 EndPrac. Text = " 所要呈現的文字 "，就會覆蓋原本 EndPrac 這個 TextDisplay 原本的文字。有不同的文字設定是重要的，否則實驗參與者會覺得很奇怪，怎麼練習階段做也做不完（即使在一開始的指導語已告訴他們，但實驗參與者幾乎都不會唸指導語的）。

　　如果要用圖檔，基本上沒有那麼便利，必須先把 ImageDisplay 的檔名設定為一個變數，然後在 Inline 中根據實驗參與者的表現來定義這個變數的值（請參考程式 10-2）。

再認實驗

　　在心理學的研究中再認實驗是很常使用的一個實驗典範，但若實驗參與者在第一個階段看到的刺激材料是隨機抽取的，則要寫這樣的再認作業程式是非常困難的。

　　請大家用口語的方式想像要怎麼寫這樣的程式：首先，學習階段要從一個刺激材料庫中隨機抽取一些刺激材料，並且將這些刺激材料定義為舊的項目（也就是實驗參與者看過的）；第二步，再認階段要從呈現一些新的、一些舊的刺激材料，這兩種刺激材料都是從同一個刺激材料庫中選出來的。

　　我們從簡單的開始講，若大家還記得 Nested 功能運作的方式，基本上若都是從同一個 List 中去選擇刺激材料，則先前沒被選到的就會被留下來，所以再認階段「新項目」的抽取是很簡單的，只要定義從哪個刺激材料庫中

抽取即可，比較麻煩的是要把「舊項目」暫存。首先並需要創造一個暫存的 List（tempList），並且算好這個 List 要有多少項目（一般的再認實驗，再認階段有一半的項目是新的、一半是舊的，在程式 10-3 中，刺激材料清單 numList 有 18 個項目，則這個暫存的 List 要有 9 行）。另外要確認暫存的清單中，也有定義你所要儲存的變數。

請參考程式 10-3 及圖 10-2。從圖 10-2 我們可以看到 EncodeList 中有一個 Nested List 為 numList，而在 RecallList 中則有兩個 Nested List：numList 與 tempList。所以基本上我們要把在 EncodeList 中已經使用過的 numList 項目儲存至 tempList，之後從 tempList 中所選到的刺激材料就會是舊的，從 numList 中所選到的刺激材料就會是新的。

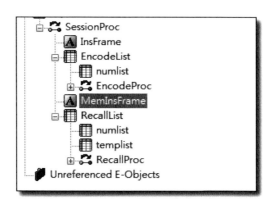

圖 10-2　程式 10-3 的結構

然後透過 tempList.setattrib tempcount, "List 定義的變數"，或 Inline 定義的變數來把舊的項目暫存到 tempList。「tempList.setattrib」是告知程式你要針對 tempList 的變數來做定義，tempcount 是用來告訴程式，要把這個暫存的刺激放到 tempList 的第幾行，接著就是定義變數的值，請參考圖 10-3 的說明。

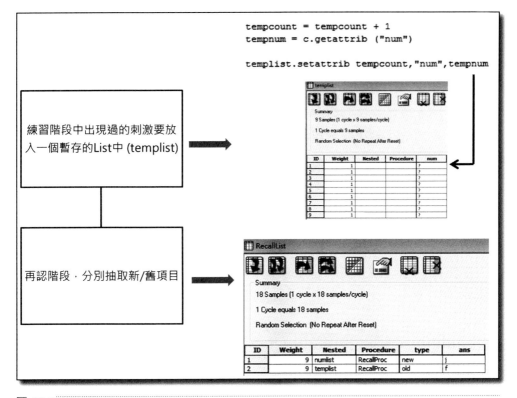

圖 10-3　解說再認實驗的 Inline

　　因為要從 tempList 的第一行開始定義，且要換行，所以我們設定 tempcount = tempcount + 1 的指令，以避免都僅針對 tempList 的第一行做設定。另外因為要暫存 List 所定義的變數（num），所以我們另外需要定義一個變數為 tempnum 來暫存 num，然後再定義 tempList 中的變數 num 的值會是 tempnum 的數值 [33]。基本原則如此，除了儲存刺激材料外，跟刺激材料有關係的屬性，也可以被儲存到 tempList，若沒有暫存，可能會讓你在分析結果時非常的痛苦。

---

[33] 其實可以用更簡單的寫法 tempList.SetAttrib tempcount, "num", c.GetAttrib ("num")，就是直接定義 tempList 中 num 的值，而不用暫存。兩種方法都可以，就看大家習慣用什麼方式。

157

 # 根據實驗參與者的表現來改變難度

有些時候我們會根據實驗參與者的表現來改變實驗的難度，也就是所謂的適性程式。這個背後的概念和先前介紹設定練習階段的門檻類似，但我們要用另外一個寫法來達成此目的。因為設定練習階段門檻的寫法是針對一整個階段的表現來做設定，且先前的做法只是讓沒有達到門檻的實驗參與者重新做一次，並不是真正去調整實驗的難度。在一些實驗情境，我們會希望隨時監控實驗參與者的表現，並且改變難度，所謂的 Staircase 的操作模式即是如此。

難度的改變可以透過很多種形式，例如調整刺激呈現時間的長短、刺激材料的大小等等，基本原則是一樣的，程式 10-4 介紹的就是利用改變刺激呈現時間的長短來改變難度。

請大家用口語的方式想想這個程式要怎麼寫：首先，必須設定希望實驗參與者達到哪一種門檻（假設要達到 80%，則要設定答錯一題就降低難度一個刻度、答對三題才提升難度一個刻度）；再者，必須要考量是否難度有極大或極小值，以刺激材料呈現的呈現時間為例，就不可能有少於 0 毫秒的呈現時間，但可以說是沒有上限。反觀如果利用改變刺激材料的大小來設定難度，刺激材料的最大不可能超過螢幕的大小，最小則至少要能夠呈現在畫面上，所以上限和下限都需要考量。第三點，一旦改變難度後，就要把記錄答對、答錯的次數都歸零。

程式 10-4 是一個判斷奇偶數的程式（參考圖 10-4 的解說），一開始刺激材料的呈現時間（stimtime 這個變數，透過 tempDuration 來做設定的）為500 毫秒，若連續答對兩題，則呈現時間會減少 100 毫秒；答錯一題，呈現時間就會增加 100 毫秒。

```
1   If c.GetAttrib ("ResFrame.ACC") = 1 Then '當實驗參與者答對時要執行的指令
2       ncorrect = ncorrect + 1
3   End If
4
5   If ncorrect > 2 Then '當實驗參與者連續答對兩題後要執行的指令
6       tempduration = tempduration –100 'tempduration減少100，會讓StimFrame呈現時間縮短100ms
7       If tempduration < 100 Then '因為若前一次的呈現時間已經為100ms，再減100ms，就會變成0 ms
8           tempduration = 100 '所以設定當tempduration小於100時要把tempduration改為100ms
9       End If
10      ncorrect = 0 '將答對的累積次數歸零
11  End If
12
13  If c.GetAttrib ("ResFrame.ACC") = 0 Then '當實驗參與者答錯時要執行的指令
14      tempduration = tempduration +100 'tempduration會增加100，會讓StimFrame呈現時間增長100ms
15      nincorrect = 0 '將答錯的累積次數歸零
16      ncorrect = 0 '將答對的累積次數歸零
17  End If
18
19  c.SetAttrib "nOK", ncorrect '儲存答對的累積次數，並非必要
20  c.SetAttrib "nNO", nincorrect '儲存答錯的累積次數，並非必要
21
22
```

圖 10-4　解說改變實驗難度的 Inline

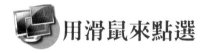

用滑鼠來點選

　　在第五章介紹反應輸入設定時，我們有提到其實還有別的方法可以做輸入的設定，在這邊就要介紹如何用滑鼠來點選作答。假設有個實驗需要實驗參與者在畫面中找是否有一個刺激和別的刺激不一樣（例如在一堆紅色的圓圈中判斷是否有一個綠色的圓圈），若我們只用滑鼠按鍵來做判斷，僅能知道實驗參與者是否認為畫面中有個圓圈顏色和別的圓圈不同，但無法知道實驗參與者是否真的找到那個顏色不同的圓圈；較理想的做法應該是請他把滑鼠移到那個顏色不同的圓圈上，並且按鍵做反應。

　　請大家用口語的方式想想這個程式要怎麼寫：首先，實驗參與者必須要看到滑鼠的游標（可能大家還沒注意到，在 E-Prime 中的預設值是看不到滑鼠游標的）。第二步是要讓程式能夠判斷滑鼠所點選的位置，並且判斷是否那個點選的位置是正確的。

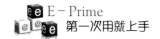

程式 10-5 是一個尋找紅色 T 的實驗，實驗參與者會在畫面中看到四個字母，其中一個是紅色的 T、其他三個是綠色的 L。字母消失後，螢幕上會出現 1、2、3、4 的字樣，實驗參與者必須點選哪個字樣所在的位置是剛剛紅色 T 出現的位置。要讓滑鼠游標出現只要在畫面出現前加入下列的 Inline 指令即可，圖 10-5 有詳細說明如何設定點選的位置為正確的答案。

```
1     'Designate "theState" as the Default Slide State, which is the
2     'current, ActiveState on the Slide object "ResFrame"
3
4     Dim theState As SlideState
5     Set theState = ResFrame.States("Default")
6     Dim strHit As String
7     Dim theMouseResponseData As MouseResponseData
8
9
10    'Was there a response?
11    If ResFrame.InputMasks.Responses.Count > 0 Then
12
13        'Get the mouse response
14        Set theMouseResponseData = CMouseResponseData(ResFrame.InputMasks.Responses(1))
15
16        'Determine string name of SlideImage or SlideText object at
17        'mouse click coordinates. Assign that value to strHit
18        strHit = theState.HitTest(theMouseResponseData.CursorX, theMouseResponseData.CursorY)
19
20    '以上的內容可以套用在所有需要利用滑鼠點選畫面的實驗，僅需要注意將ResFrame改為程式中
21    '真正需要記錄滑鼠點選畫面的Slide名稱
22
23    '定義點選的位置和目標所出現的位置是否相同
24    'E-Prime並非位置是否相同來做判斷，而是點選位置的名稱和目標的位置屬性是否相同
25    '點選位置的名稱是透過在Slide定義四個按鈕所在的位置時做的定義
26    '目標的位置屬性是透過定座標時同時定義的
27        If strHit = c.GetAttrib("item1v") Then  '因為item1v是紅色目標的位置屬性
28            ResFrame.CRESP = c.GetAttrib("item1v")  '所以只要在點選位置和這個屬性相同時才會答對
29            ResFrame.ACC = 1
30        Else
31            End If
32        If strHit = c.GetAttrib("item2v") Then
33            ResFrame.CRESP = c.GetAttrib("item2v")
34            ResFrame.ACC = 0
35        Else
36            End If
37        If strHit = c.GetAttrib("item3v") Then
38            ResFrame.CRESP = c.GetAttrib("item3v")
39            ResFrame.ACC = 0
40        Else
41            End If
42        If strHit = c.GetAttrib("item4v") Then
43            ResFrame.CRESP = c.GetAttrib("item4v")
44            ResFrame.ACC = 0
45        Else
46            End If
47    End If
```

圖 10-5　用滑鼠點選作答的 Inline

Inline 中比較難理解的是，如何讓程式可以判斷實驗參與者是否按到正確的位置。簡單來說，我們要讓程式知道紅色 T 是放在哪個區域，如果實驗參與者用滑鼠點選到同樣的區域，那我們就會判定他們答對（如圖 10-6 所

示）。這個是一個比較簡單的設定方式（雖然需要轉換一下想法），當然也可以利用滑鼠點選的座標來做設定，但因為按鈕並不是只在一個座標位置，所以需要設定一個範圍為正確點選區，設定起來其實是不容易的。

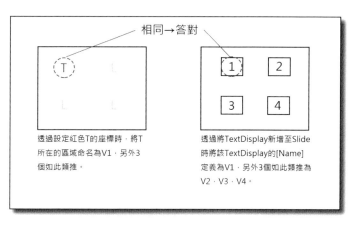

圖 10-6　說明滑鼠點選的邏輯

　　滑鼠點選的應用範圍其實很廣，特別是在做喜好度評判時，有別於五點或七點量表，可以讓實驗參與者直接在一個量尺上按鍵作答（當然也是需要設定按在哪個位置代表的評價為何），似乎是比較理想的做法。

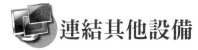 連結其他設備

　　有不少設備都可以和 E-Prime 溝通：包括眼動儀、腦波儀等等，有些儀器設備會有額外的 Package，照著那些儀器設備的設定就可以讓 E-Prime 和那些儀器設備溝通。但其實若知道電腦是透過哪個連接埠和這些儀器設備連結，也可以直接用 Inline 的方式來連結 E-Prime 和這些儀器設備。

接收外在設備的訊息

　　要接收外在設備的訊息從寫程式的角度是比較簡單的，但要搞清楚外在設備是透過哪個連接埠連結到電腦的，以及究竟外在的設備在哪些情境下會送訊號出來。首先要請大家在 Experiment Object 屬性設定的部分，選到 Devices 的分頁，並且選擇 Add，從選單中找到你要連結的外在設備（如圖 10-7 所示）。

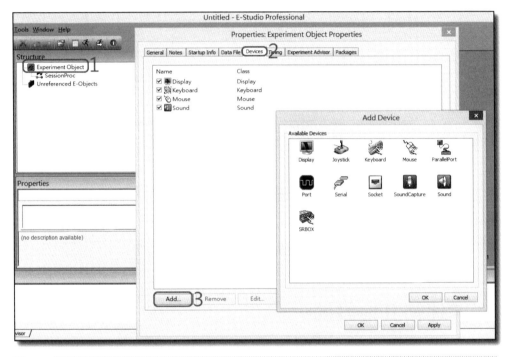

圖 10-7　新增一個外在設備

　　接下來在程式中你需要外在設備送訊息的地方新增一個畫面（通常應該是搭配刺激材料的呈現），用 TextDisplay、ImageDispaly 或 Slide 都可以，但要切記在 input mask 的部分新增你剛剛增加的外在設備，例如剛剛在 Experiment Object 新增了 serial port，則在這裡也要新增 serial port，將這個畫面的 Duration 設定為 (infinite)，Allowable 設為 {ANY}；若你知道外在設備送什麼訊息是所謂的正確答案，則可以用變數來設定 Correct，如此一來就可以透過外在設備傳送的訊息來記錄實驗參與者是否答對或答錯。

送出訊息到外在設備

要送訊息到外在設備需要寫幾個 Inline，同樣也需要知道電腦是透過什麼連接埠和外在設備溝通。最常使用的是 LTP1 port，就是早期印表機的連接埠，這個連接埠的代號就是 &H378。

假設現在我們想要用程式 10-4 和外在設備連結，且這個設備是通過 &H378 這個連接埠和電腦連結的（參考程式 10-6）。我們希望在實驗參與者看到數字的時候，送一個訊號給外在設備，我們必須在程式的一開始新增一個 Inline，告知接下來在看到數字時需要送一個訊號：

StimFrame.OnsetSignalEnabled = True

StimFrame.OnsetSignalPort = &H378

StimFrame.OnsetSignalData = 0

第一行就是允許程式送訊號出去，第二行是指稱要透過哪個連接埠；第三行是把起始值設為 0。

接著要在 StimFrame 前也加入一個 Inline，若不做任何特別的設定，只是希望標記什麼時候數字會出現，則只要在 Inline 中打入下列的指令，程式就會送出「1」到外在設備。

StimFrame.OnsetSignalData = 1

當然也可以根據刺激材料的屬性來送出不同的訊號，此時就需要設定一個變數，假設我們設定變數為 numtype，則會用下列的指令：

StimFrame.OnsetSignalData = c.GetAttrib（"numtype"）

所以其實沒有想像中的難，比較難的部分是要確認外在設備可以收到訊號，以及這個訊號被註記在什麼地方。

 刺激呈現時間過短時記錄反應的方法

刺激材料呈現時間過短時（例如 50 毫秒內），有兩種方法可以記錄反應，首先，在刺激呈現後另外出現一個畫面，讓實驗參與者在看到這個畫面時才能按鍵做反應。但有些情境下，刺激材料是連續快速變動的，例如若在畫面中呈現一張人臉的圖片，圖片會從小慢慢變大，而實驗參與者需要判斷這張圖片中的人是男性或是女性。在這種情境下，基本上就不適合用第一種方法，而是需要用 Inline 來做一些設定。

假設我們在畫面中呈現一個數字，這個數字會從螢幕的左邊快速移動到右邊，而實驗參與者需要儘快判斷這個數字是奇數或是偶數。

用口語的方式來想這個程式，就是需要讓數字從左邊往右邊移動，且不論實驗參與者什麼時候按鍵，程式都要能夠記錄反應時間及判斷正確率。

程式 10-7 中，每個嘗試一開始會有一個凝視點（出現在螢幕的左邊），接著這個數字會出現在螢幕上十個不同的位置，由左邊至右邊快速移動。在 ExpProc 上凝視點之後，我們加入了 Wait 的元素，這是之前沒有介紹過的元素，Wait 的功能是即使在 Wait 畫面結束呈現後，依舊可以繼續記錄反應。如圖 10-8 所示，Duration 設定為 0，但是 time limt 設定為 (infinite)，除此之外，End of Action 要設定為 Jump，並且搭配 FakeLabel 這個 Label。

在 Wait 之後是刺激材料呈現的畫面，除了最後一張我們會設定呈現直到實驗參與者反應外，其他的都是設定呈現 50 毫秒。最重要的是

PressDuringImage 與 PressAfterImage 這兩個 Inline，裡面主要就是設定假設在 Wait1 消失後若有任何按鍵反應就要進入判斷式內，為什麼要設定兩個呢？主要原因是按鍵的時間有可能會剛好在有個畫面呈現的時間，則 Wait 的反應會無法被接收，所以要寫兩個看似一模一樣的 Inline。

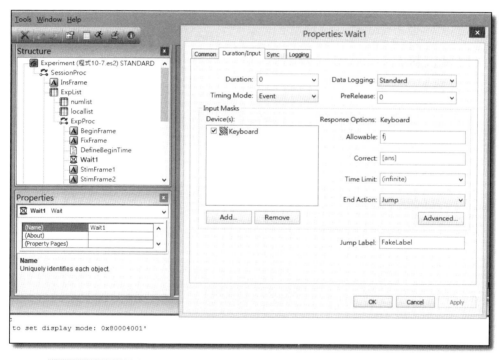

圖 10-8　Wait 的設定

 小結

　　Inline 其實有相當廣泛的應用，建議大家先用想清楚要達成什麼目的，再參考別人類似的程式，應該就可以達成目的。鼓勵大家多多利用許多網路上的資源，也可以參考 Visual Basic 的書籍。

章節挑戰

1. 寫一個程式,讓實驗參與者用量尺來評定對於圖片的喜好程度,僅在量尺的兩端註記為非常負向、非常正向,但實際上量尺是由七個小量尺所組成的。所以對實驗參與者來說,他們可以點選量尺上的任何位置,但實際上程式只會用七點量表的方式來記錄實驗參與者的反應。

   提示 善用滑鼠點選的機制。

2. 寫一個程式,實驗參與者會先看到一個形狀的輪廓,接著會看到一個色塊,最後會有一個填滿顏色的形狀,實驗參與者要判斷這個形狀是否為先前輪廓及色塊的組合。

   提示 可以用 & 來將變數組合在一起,所以這個實驗中可以用一個代號來表徵形狀的輪廓、另一個代號來表徵色塊,然後用這兩個代號的組合來命名填滿顏色的形狀即可。

小訣竅

1. 若只有一個 List,但不希望實驗參與者全部做完才休息,可以在 ExpProc 中加入計數器結合 Goto Label 的運用,只要累計到一定的數量,就會跳到休息的畫面,否則就會繼續下一題。

2. 若實驗參與者的表現真的太差,要終止實驗,可以透過下列這個 Inline 即可跳出這個 List。

   ExpList.Terminate

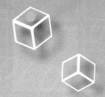

第十一章
用 E-Prime 寫常用
的心理學實驗程式

本章介紹

・常用心理學實驗程式的結構及寫法

這個章節要介紹一些心理學實驗常用的實驗程式，有些實驗或許目的不同，但在 E-Prime 的語法及呈現上類似的，我們就不會重複介紹了。掌握基本的原則，就可以寫出需要的程式了。每個嘗試僅有一個刺激呈現的程式我們就不另外做介紹了，大家可以參考前幾章的範例，因為頂多只是要新增一些變數的設定，建議大家搭配光碟中的程式檔閱讀。

 促發實驗

在促發實驗中，實驗參與者會先看到一個促發物，接著會出現一個需要他們判斷的目標物。類似的實驗典範有：Cueing 實驗典範、dot-probe 實驗典範等，都是在一個嘗試中至少會讓實驗參與者看到兩個有意義的刺激材料（凝視點不算在內）。

程式撰寫介紹

這實驗需要注意的是，要在 List 同一行中標定促發物及目標物，以及要用一個變數定義促發物及目標物之間的關係。在程式 11-1 中，促發物是用英文詞彙（都是數字），目標物是數字，實驗參與者的作業是要判斷數字是奇數或是偶數。實驗操弄的是，促發物和目標物所指稱的數字是否為相同的（請參考圖 11-1）。

在 ExpList 中只看到兩行是因為我們只定義了刺激材料組合的類型：一種是促發物和目標物指稱的數字是相同的（Nested 欄位為 sameList 的）、另一種是促發物和目標物指稱的數字是不同的（Nested 欄位為 diffList 的）。大家可以看到真正和刺激材料呈現相關的變數都不在 ExpList 中，也會發現 sameList 和 diffList 基本上結構是一模一樣的。這不是唯一的寫法，但會是看起來最簡潔的寫法，讓大家參考。

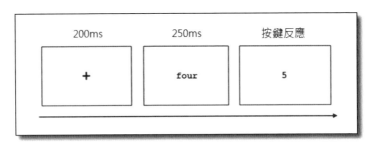

結果分析介紹

　　這個實驗中我們用 Type 來定義獨變項，可以分析兩個指標：TargetFrame 的正確率及反應時間，提醒大家在分析反應時間要記得把設定 TargetFrame 答對的才分析。

 視覺搜尋實驗

　　在視覺搜尋的實驗中，畫面上一次會出現多個項目，假設有四個固定的位置會出現刺激材料，目標物會隨機出現在其中一個位置上，也有可能都不會出現。值得注意的是，視覺搜尋實驗通常會控制畫面中出現刺激材料的數目，在程式 11-2 中我們僅示範了一種刺激材料數目的嘗試，依樣畫葫蘆就可以達成這個目的。

程式撰寫介紹

　　這個程式需要注意的是如何讓目標物及干擾物能夠隨機出現在各個位置，所以會用到很多的變數設定。除此之外，這是一個相對容易撰寫的程式，因為只有一個主要的畫面。在程式 11-2 中，實驗參與者一次會看到四

個刺激，分別出現在螢幕的左上、右上、左下及右下。實驗參與者要判斷畫面中是否有一個紅色的英文字母，實驗有三種情境：一、全部都是綠色的數字；二、有一個紅色數字，其他的干擾物是綠色的字母；三、有一個紅色英文字母，其他的干擾物是綠色的字母，參考圖 11-2。

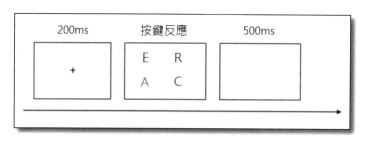

圖 11-2　視覺搜尋實驗嘗試的流程。因為印刷的關係，綠色是以黑色代替，紅色是較淺色的。這個例子中是屬於第三種情境：一個紅色英文字母但其他干擾物是綠色的字母。

　　我們利用變數去設定選用哪一個刺激材料及刺激材料所擺放的位置，比較需要注意的是，在程式中假定若畫面中有紅色的數字或字母，那個刺激一定是 item1，所以我們設了一個變數來改變 item1 的 ForeColor；當全部數字都是綠色時，我們自然就把 ForeColor 設為 green，如同 ExpList 中的第一行。

　　情境一和二都是沒有紅色英文字母出現的，為了要控制按鍵上的平衡，我們將情境三的 Weight 改為 2，以平衡實驗參與者按兩個按鍵的頻率。

　　又因為我們一個嘗試需要用到 LocationList 中四個位置，但對於 E-Prime 來說，執行一個嘗試只用掉其中一行，為了避免刺激會出現在同一個位置，在 LocationList 屬性設定的部分，Reset/Exit 要設定為 Rest at beginning of each Run。

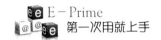
結果分析介紹

　　這個實驗中我們用 Type 來定義獨變項，可以分析兩個指標：StimFrame 的正確率及反應時間，提醒大家在分析反應時間要記得把設定 StimFrame 答對的才分析。

注意力眨眼實驗

　　這個實驗典範中，實驗參與者一次會看到多個快速呈現的刺激材料，其中有兩個刺激材料（簡稱 T1 與 T2）的屬性（例如顏色）會和其他的刺激材料不同，實驗參與者需要判斷這兩個刺激材料分別是什麼。在這個實驗中，T1 和 T2 中間間隔的刺激材料數目會不同，在實驗撰寫上，若沒有使用 Inline 是相當麻煩的。這個 Inline 的用法也和先前介紹的略有不同，大家可以參考一下。

程式撰寫介紹

　　這個程式需要注意的就是要操弄 T1 和 T2 中間間隔的刺激材料數目，已經在接收實驗參與者反應時可以考慮用 AskBox，畢竟不是判斷出現哪個刺激材料，而是要輸入自己看到了哪個刺激材料。在程式 11-3 中，實驗參與者在一個嘗試中會依序看到 15 個刺激，其中第三個刺激會是第一個紅色的字母，根據 lag 這個變數所定義的間隔，之後會出現第二個紅色的字母，除了這兩個刺激外，其他的刺激都是黑色的。每一題結束後，實驗參與者會看到兩個跳出的視窗，要依序輸入他們看到的第一個和第二個紅色的字母，如圖 11-3。

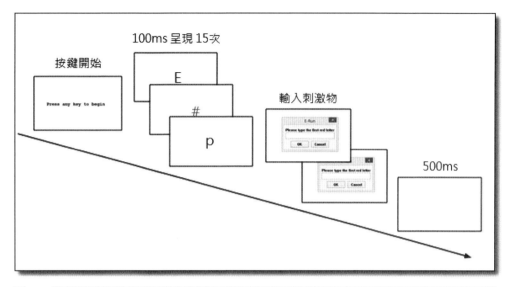

圖 11-3 注意力眨眼實驗嘗試的流程

　　這個程式最特別的就是用了 ExpProc 中其實包含了另一個 Procedure（StimProc），而和刺激材料呈現真正有關係的是 StimProc。在這個實驗中因為第一個和第二個字母中間間隔的數目不一樣多，所以不能用一個 Procedure 來達成這個目的，因為 Procedure 是線性運作的，設定第幾個項目是第一個紅色的字母，就是第幾個。

　　解套的方式用 StimProc 來呈現刺激，其實一次只會呈現一個，然後搭配上 Inline 的應用，就可以定義第幾次呈現的時候要呈現第一個紅色的字母、第幾次又要呈現第二個紅色的字母。在範例中大家也可以看到 If... then... end if 不一定要出現在同一個 Inline 中，也可以讓 then 之後執行的是呈現某個畫面。

　　這樣寫法的缺點就是在分析資料時會比較痛苦，因為每執行一次 StimProc 就會在結果出現新的一行，但對實驗來說，每一題其實是執行一次 ExpProc；換句話說，每 15 行才等於一題！

另外我們在 AskBox 呈現的 Inline 內也做了後續的比對,設定當實驗參與者輸入的和真實呈現的刺激相同時,就算是答對。原本用 AskBox 是沒有辦法直接做正確率的判斷,但在<u>程式 11-3</u> 的範例中,有加入了判斷正確率的語法,就可以達到這個目的了,大家在分析資料的時候會比較開心的。

結果分析介紹

這個實驗的分析比較麻煩,如上面提到的,每執行一次 ExpProc 其實就產生了 15 行的資料,建議大家可以先用 Filter,選擇 StimList.Sample 中 15 為倍數的選項,就可以讓一個嘗試只有一行的資料,並且把這個 analysis 存下來,之後就會非常方便了。

另外因為 T1 與 T2 呈現時都是大寫,所以在 AskBox 輸入時,若不是用大寫的,則會被判斷為錯誤的。

N-back

N-back 大概是近年來最受到歡迎的心理學實驗,因為有研究[34]指出接受 N-back 的訓練能夠提升流體智商,所以訪間有很多 N-back 的應用程式。在這個實驗中,會持續呈現一個刺激,實驗參與者的任務是要比較現在看到的刺激和之前的是否為相同的,1-back,是要判斷現在看到的和之前的那一個是否為相同的;2-back,則是要判斷現在看到的和兩個之前的是否為相同的,以此類推(以 2-back 為例,若出現的刺激材料依序為 2,3,5,3,4,6,6,4,則在看到第二個 3 時判斷為有目標物出現〔因為兩個之前的刺激也是 3〕,其他均為沒有目標物出現的情境)。

---

[34] Jaeggi, S. M., Buschkuehl, M., Jonides, J. & Perrig, P. J. (2008). Improving fluid intelligence with training on working memory. *PNAS*, 105, 6829-6833.

程式撰寫介紹

　　這個程式呈現的部分很簡單，但要如何正確記錄反應是不容易的，因為必須不停的更新暫存的數字。在程式 11-4 中，每一個嘗試會有 22 個數字呈現，實驗參與者必須判斷目前看到的數字是否和兩個之前的是相同的。

　　這個程式中我們利用了 array 變數，array 是一個變數的集合，程式中用 dim a(2) as string 表示我們定義 a 這個 array，並且告知內有兩個字串的變數[35]。其中有一半的嘗試，實驗參與者看到的目標數字和兩個之前的是相同的；另一半的嘗試，則會看到不同的。DefineSaveArray 這個 Inline 中，定義了要把刺激暫存的指令，因為只需要比對和兩個之前的項目是否相同，因此僅需要暫存兩個項目即可。

　　因為前兩個數字不可能會需要實驗參與者做判斷，且必須出現在其他嘗試的之前，所以我們用兩個不同的 List 和 Procedure 來設定所需要呈現的刺激材料。但因為 Nested 功能抽取上的限制，在 diff 的情境下（看到的目標數是應該要與兩個之前的不同）有時候會發生隨機抽取出的數字剛好和兩個之前的相同，所以在 DefineTrialType 的部分我們加了一個判斷式，就是當上述的情形發生時，必須要更改嘗試的類型為「same」，此外要把正確答案改成「f」。這樣的做法是比較簡單可行的，但 same 與 diff 的比率就不會是 1:1，而是接近 1:1，雖然不是最理想，但就 N-back 實驗來說是可以接受的。

結果分析介紹

　　和注意力眨眼的實驗相類似，每次執行 ExpProc 其實產生了多行的資料，但在這個實驗中，每次執行 ExpProc 其實有 20 題需要分析正確率。一個做法是利用後製的方式，先把結果檔輸出至 Excel，再每 20 題計算平均正

---

[35] 用 array 最大的好處是可以更彈性的去操弄變數，當然分別去定義變數也可以達到這個目的，但過程比較繁瑣。例如可以用 a(i) 來定義要抽取的項目為 array 中的第 i 個，就可以透過一些方式來改變 i，即可設定抽取不同的變數。

確率。

　　另一個做法是另外寫 Inline 來計算正確率，程式 11-4v2 就加了兩個 Inline 來計算正確率，首先 DefineAcc 是記錄每一題答對與否，CalAcc 則是計算每個嘗試中的平均正確率，並且另存唯一個變數 TrialAcc。另外我們定義 tempcount 是一個 currency 的變數，因為 currency 才能把小數點右方的數字儲存下來，若定義為 integer，則僅會記錄 0 或 1。

　　最後，因為每一個嘗試產生多行的資料，建議大家可以先用 Filter，選擇 Stim.Sample 中 20 為倍數的選項，就可以讓一個嘗試只有一行的資料，並且把這個 analysis 存下來，之後就會非常方便了。

小結

　　從撰寫 E-Prime 程式的角度來看心理學常用的實驗典範，會發現其實差異沒有那麼大。但除了呈現之外，可能還有其他需要考量的因素，例如不能連續幾題都按同一個按鍵等，這些都需要透過 Inline 另外做設定。附錄一中列出一些網路資源，鼓勵大家可以觀摩別人的程式，不見得要自己從頭開始寫起。還是提醒大家，撰寫程式時一定要思考怎麼分析資料會比較便利，另外當遇到瓶頸時，想想看是否有別的方法可以撰寫程式。畢竟，只要實驗參與者看起來沒有差異，資料又能夠正確地被記錄下來，那不一定要堅持用某特定的方法來完成程式。

第十二章
E-Prime
也可以這樣用

本章介紹

・靈活運用 E-Prime

雖然 E-Prime 本來的目的是拿來寫心理學實驗需要的程式，但其實也可以把 E-Prime 當成一個呈現及接收刺激的軟體。作者在輔仁大學教 E-Prime 三年的經驗，都鼓勵同學們多多開發 E-Prime 的可能性，在期末成果呈現時，真的寫心理學實驗的反而是少數。在這個章節，我們會介紹一些 E-Prime 的可能性。

E-Prime 寫算命程式

外界普遍認為學心理學的人能夠看透人心，既然這樣，就用一個程式來騙騙他們吧！有兩種做法：第一種做法，根據選擇的項目，給予固定的答案（程式 12-1）。大家或許覺得這樣有欺騙人的嫌疑，但坊間很多的算命遊戲等等都是這麼做的。

要根據選擇的項目給予固定的答案，就必須要能夠記錄實驗參與者輸入的答案，程式 12-1 中的 CreateFeedback 這個 Inline 就是在執行這個動作，請參考圖 12-1。另外根據 AgainFrame 的反應，程式會跳到 BeginLabel，讓實驗參與者可以再做一次，或是結束程式。

```
CreateFeedback
 1   If c.GetAttrib("ResFrame.RESP") = 1 Then '若ResFrame輸入的是1則進行下列的指令
 2       AnsFrame.Text =  "Congratulations! You are the luckiest person in the world."
 3       '將AnsFrame呈現的字串改成 ""中的內容
 4   End If
 5
 6   If c.GetAttrib("ResFrame.RESP") = 2 Then '若ResFrame輸入的是2則進行下列的指令
 7       AnsFrame.Text =  "Looks like you will have a peaceful week."
 8       '將AnsFrame呈現的字串改成 ""中的內容
 9   End If
10
11   If c.GetAttrib("ResFrame.RESP") = 3 Then '若ResFrame輸入的是3則進行下列的指令
12       AnsFrame.Text =  "Oops! It looks like you will be hit by a car this week."
13       '將AnsFrame呈現的字串改成 ""中的內容
14   End If
15
16   If c.GetAttrib("ResFrame.RESP") = 4 Then '若ResFrame輸入的是4則進行下列的指令
17       AnsFrame.Text =  "You will meet your ideal partner today."
18       '將AnsFrame呈現的字串改成 ""中的內容
19   End If
20
```

圖 12-1　根據實驗參與者反應改變呈現的字串

　　第二種做法，根據選擇的項目，隨機給予答案。這個程式有好幾種不同的寫法，例如可以根據實驗參與者的反應，利用 Inline 及 Label，讓畫面會跳到 Proc 的某個位置，如圖 12-2 所示。根據實驗參與者的反應，CreateFeedback 這個 Inline 會決定要跳到 Ans1Label 或是其他的位置，不論到了哪一個位置，在看完結果後都會跳到 EndLabel 這個畫面。

圖 12-2　結合 Inline 及 Label 的使用

　　或是可以設定，實驗參與者看到內容為一個變數，這個變數會根據實驗參與者的反應而有變動。程式 12-2 就是這樣的做法，如圖 12-3 所示，CreatFeedback 的 Inline 會隨著實驗參與者的反應而更動 answer 這個變數的設定[36]。

　　這些數值分別是在不同的 Nested List 中的變數，當然也可以用同一個 Nested List，然後用不同的名稱來命名變數。這兩個做法有一個差異，前者不同變數間（例如 ans1item 與 ans2item）數值的呈現是完全隨機、沒有關聯性的；倘若把這些變數都放在同一個 Nested List 中，則變數間是有絕對的關係，因為 Nested List 每次抽取都是一整行被抽取。如表 12-1 所示，即便這個 List 有隨機，只要 ans1item 抽到的是 A，ans2item 抽到的也會是 A。但如果變數是被放在不同的 List，則 ans1item 抽到 A 的時候，ans2item 只有五分之一個機會也會抽到 A。雖然在這個程式中兩者沒有太大的影響，但大家要瞭解兩者間的不同。

---

[36] 要記得將 ExpProc 屬性中 Generate PreRun 設定為「BeforeObjectRun」，否則會出現錯誤訊息。

```
CreateFeedback                                                                    ─ □ ✕
  1  If c.GetAttrib("ResFrame.RESP") = 1 Then '若ResFrame輸入的是1則進行下列的指令
  2      c.SetAttrib "answer", c.GetAttrib ("ans1item") '設定answer 為ans1item
  3  End If
  4
  5  If c.GetAttrib("ResFrame.RESP") = 2 Then '若ResFrame輸入的是2則進行下列的指令
  6      c.SetAttrib "answer", c.GetAttrib ("ans2item") '設定answer 為ans2item
  7  End If
  8
  9  If c.GetAttrib("ResFrame.RESP") = 3 Then '若ResFrame輸入的是3則進行下列的指令
 10      c.SetAttrib "answer", c.GetAttrib ("ans3item") '設定answer 為ans3item
 11  End If
 12
 13  If c.GetAttrib("ResFrame.RESP") = 4 Then '若ResFrame輸入的是4則進行下列的指令
 14      c.SetAttrib "answer", c.GetAttrib ("ans4item") '設定answer 為ans4item
 15  End If
 16
 17  If c.GetAttrib("ResFrame.RESP") = 5 Then '若ResFrame輸入的是5則進行下列的指令
 18      c.SetAttrib "answer", c.GetAttrib ("ans5item") '設定answer 為ans5item
 19  End If
 20
 21
```

圖 12-3　根據反應來設定不同變數的選取

表 12-1　變數都放在同一個 List 中

	ans1item	ans2item	ans3item	ans4item	ans5item
1	A	A	A	A	A
2	B	B	B	B	B
3	C	C	C	C	C
4	D	D	D	D	D

 E-Prime 當作填寫問卷的程式

　　雖然 E-Prime 是為了心理學實驗而開發的，實際上也可以用來做問卷調查。當然使用 Google 的表單就可以達成此目的（http://goo.gl/EOrZE），但若沒有網路連線就沒有辦法了。用程式來蒐集問卷資料最大的好處，就是不用再重新輸入，而且在分析資料時會方便許多，當然缺點就是實驗參與者如果按錯了，就回不去了（也可以設定讓實驗參與者可以修正自己的答案，但程式寫起來會較複雜，此外分析資料時也會有點混亂）。

　　程式 12-3 是一個讓實驗參與者填入基本資料的問卷。這個程式很單純，比較特別的是關於 Echo 的設定，在第五章的小訣竅做過簡單的介紹，這個程式中則是有直接的範例讓大家參考。各位可以透過背景色、前景色等設定讓 Echo 填答的畫面也是很美觀的。但大家要注意 Allowable 中要包含你所定義的 Termination Response，否則程式會出現錯誤訊息。另外，若 Allowable 沒有設定 {BACKSPACE}，則實驗參與者在輸入時，沒有辦法按 backspace 按鍵去進行修正。

　　除此之外，若希望程式能夠跟去 Echo 的作答來判斷正確與否，則必須要注意 Correct 反應的設定。例如，若正確答案為 apple，且設定的 Termination Response 為空白鍵，則 Correct 要設定為 apple{SPACE}，若只設定 apple，則程式會判斷這題實驗參與者是答錯的 [37]。

E-Prime 做動畫

　　雖然 E-Prime 2.x 的版本已經可以播放影片，但其實利用 x, y 座標的設定，或是不同圖片的播放（類似電影的效果），也可以自己做出動畫的感覺。改變 x, y 座標的設定就像程式 10-7 的延伸，在那個程式中有個數字會從螢幕的左邊往右邊移動，所以只要有系統的改變刺激所在的位置，看起來就會有動畫的感覺了。有學生就利用這個方式用 E-Prime 寫了類似跳舞機的軟體，學生的創造力真的是超乎想像的！

---

[37] 因為 Echo 輸入會記錄所有按過的按鍵，即使實驗參與者有用 backspace 按鍵刪除一些輸入錯的字元。例如，若要打 apple 結果發現多打了一個 p，所以按了兩下 backspace 鍵，然後重新輸入一次，系統所記錄下來的反應就會是「appple{BACKSPACE} {BACKSPACE}le」，因此建議不要用程式內建的方式來做正確率的判斷，否則會低估了實驗參與者的正確率。

　　用不同圖片的播放來製造動畫效果，其實就比較困難，因為一分鐘的影片至少要有 20 張圖片，否則在觀賞的時候就會有不順暢的感覺。作者就曾經有一位學生為了做動畫，拍了 700 多張照片，大家看了都是讚嘆聲連連。後續又有學生發現更容易的方式，可以錄下一段影片，透過一些軟體把影片轉成圖片，然後再做一些設定。例如，就有學生就先錄跑跑卡丁車的遊戲畫面，然後自己後製一些遊戲關卡，這樣也是相當有趣的。

E-Prime 做遊戲

　　用 E-Prime 可以做一些簡單的遊戲，當然因為這個軟體本身不是拿來寫遊戲程式的，所以撰寫的過程會比較繁瑣。但只要善用 Inline 及變數的設定，其實也可以寫出很有趣的遊戲。就曾經有同學利用 E-Prime 寫了一個類似百萬大歌星的遊戲，看起來還真的是有模有樣的。

　　程式 12-4 是一個 ooxx 的遊戲，看似簡單的遊戲其實不容易，首先要考量已經有東西的位置就不能夠再放東西，所以在按鍵的部分必須將 Allowable 設定為變數，然後根據先前的按鍵判斷隨時修改 Allowable 的變數。在程式中，我們將 Allowable 設定為 keyallow 這個變數，並且在 DefineKey 這個 Inline 將 keyallow 設定為 a1 & a2 & a3 & a4 & a5 & a6 & a7 & a8 & a9。我們將 a1 至 a9 分別設定為 1 至 9 的數字，所以一開始 1-9 的按鍵都是可以按的。

　　根據實驗參與者的按鍵，必須要做幾件事情，請參考圖 12-4 的說明：

```
If c.GetAttrib ("circlego.RESP") = 1 Then '如果選擇把o放在1這個位置
    a1 = "" '設定a1為空集合，搭配之後 c.SetAttrib "keyallow", a1 & a2 & a3 & a4 & a5 & a6 & a7 & a8 & a9的設定，
    '1就不再是可以按的按鍵
    o1 = 1 '設定o在1這個位置被選取，因為我們必須要讓程式能夠判斷是否有三個o連成一線
    c.SetAttrib "n1", "" '原本九宮格中，每個位置會有數字提醒實驗參與者要按哪個按鍵來放置o。因為1已經被放東西了，
    '這個數字也就沒有存在的必要，因此設定為空集合
    c.SetAttrib "i1","circle.jpg" '原本位置上放了一張白色的圖，現在則取代為o的圖片
End If
```

圖 12-4　選擇一個答案後需要更改的設定

　　除了針對每一個按鍵選擇後做設定，也需要考量若做了這個選擇後就贏了，程式要如何進行，請參考圖 12-5 的說明：

```
If o3 + o5 + o7 = 3 Then '當3, 5, 7 這三個位置連成一線時
        c.SetAttrib "gameresult", "result8.jpg" '在原本的九宮格上重疊了一張只有九宮格的圖
        '這個指令將那張圖片換成一張有九宮格加上連成一線的紅線
        finalresult = "circle" '設定finalresult為圓形，這個只是為了後續的判斷式而做的定義
        c.SetAttrib "showresult", finalresult '設定showresult這個變數的值等於finalresult
        '在結果檔中只會儲存showresult，但finalresult這個global變數不會被儲存
End If

If finalresult = "circle" Then '因為只有連成一線時，finalresult才會被定義為circle
        '所以這行指令基本上是說如果o贏了時要做甚麼
    GoTo EndLabel '跳到EndLabel所在的位置
End If
```

圖 12-5　選擇後就贏了的程序設定

　　在撰寫遊戲時，要考量所有的可能性，其實是相當複雜的。以這個 ooxx 的程式為例，就有 16 種可能的贏法，因為 o 和 x 各有 8 種可能連成一線的方式，要把這所有的方式都寫出來；平手的可能性有太多種了，就沒有辦法一個一個定義，但可以寫一個通則，來告訴程式若平手時該怎麼做。

　　在程式中 ContinueOrNot 這個 Inline 就是讓程式來判斷是否已經平手了，若還沒有平手，則程式要繼續執行；倘若平手，則立即跳到 EndLabel 這個標籤。

 小結

　　社會人文訓練背景的學生通常不擅長寫程式，但若能夠讓他們發現程式沒有那麼冷冰冰，或許能夠提升學生的動機。所以通常的一次上課，我都會讓學生看看過去學長姊精彩的作品，讓他們對課程有多一點的熱情。希望這個章節介紹的內容也可以給各位一些啟發，激起一些熱情。

附錄一： 相關網路資源

E-Prime 程式撰寫相關

1. 本書配套的網站（https://sites.google.com/site/eprimefordummies/）：在網站上會提供相關的網路資源，及範例介紹。

2. E-Prime 官方的影片教學（http://www.youtube.com/user/PSTNET?feature=watch）：有一些步驟的影片教學，不過沒有中文字幕的解說。

3. E-Prime 官方的支援（http://www.pstnet.com/support/login.asp）：購買原版的商品註冊後，可以登入該系統去做諮詢，通常一兩天內就會有回應，有時候甚至會幫忙寫程式的範例。

4. STEP E-Prime Scripts（http://step.psy.cmu.edu/scripts/index.html）：有很多經典的心理學實驗程式範例，優點是有告知原始實驗的出處，缺點是這些範例的撰寫方式不見得是最好懂的。

5. 楊政達老師的網頁（http://ct-yang.blogspot.tw/2009/06/blog-post.html）：在 Shared Resources 下有一些 E-Prime 的範例程式可供參考。

6. Google 上的 E-Prime 團體（http://groups.google.com/group/E-Prime）：有些熱心的網友會協助提供答案，但建議先搜尋是否有人問過類似的問題。

刺激材料製作相關

1. 聲音檔的製作：可利用 Google 翻譯（http://translate.google.com）或是工研院的文字轉語音（http://tts.itri.org.tw/），將文字刺激轉為聲音檔，建議可以用這個方式來製作標準化的口說版指導語。

2. 影片檔轉成圖片檔：Free Video To JPG Converter，可參考下列網站的說明：http://www.dvdvideosoft.com/cht/guides/free-video-to-jpg-converter.htm。

3. 製作指導語等：雖然在 E-Prime2.x 中可以直接輸入中文，但排版上較難控制，建議可以使用 PowerPoint，然後將投影片另存為圖片格式即可。但要注意 PowerPoint 頁面大小的設定，要符合 E-Prime 的 Display 大小設定。

附錄二：E-Prime 使用常見的問題

問題一： 程式碼沒有辦法產出

解答： 初學者在碰到這樣的情形，通常會有點慌張，但其實 E-Prime 都會大概告知是什麼問題，要仔細看 Script → Full 分頁停在什麼位置，通常就是那個位置的語法有設定上的錯誤，不過有時候也不容易判斷。建議可以重新檢查程式，往往都是有變數定義不正確，或是有些 Inline 的語法不正確所造成的。

問題二： 程式呈現的和想像中的不同

解答： 這個問題通常是有些設定上的錯誤，一個常見的錯誤就是 List 呈現的方式，有可能誤以為有設定為隨機，但實際上是照順序呈現的。另外一個常見的問題就是畫面 Clear After 沒有設定為 Yes，造成會看到前一個畫面的殘影。

問題三： 蒐集到的資料有問題

解答： 假設沒有蒐集到要蒐集的資料，則要檢視是否在 Duration/Input 設定上有錯誤，若正確答案不屬於 Allowable，則實驗參與者就算按了正確答案，也不會被記錄。另外要檢查 Logging 是否有勾選自己要分析的資料。變數命名時若有重複的現象，則最後一個變數才會被儲存，因此有可能會造成該記錄到的資料沒有被記錄。建議在命名時要額外小心。

問題四： 結果檔有些變數後方有 [trial]、有些有 [sub trial]，
到底該分析哪個？

解答：會看到變數後有註記 [trial] 和 [sub trial]，顯示程式中記錄
的反應，有些是在 SessionProc 下的 List 所執行的（所謂的
[trial]）、有些是在 SessionProc 下的任意 Procedure 下的 List
所執行的（所謂的 [sub trial]）。在第六章實驗參與者間設計
的部分，就有提到這樣的例子。要看實驗主要要分析的結果
是在哪個 List，才能判斷需要分析的是 [trial] 或是 [sub trial]。

國家圖書館出版品預行編目資料

E-Prime第一次用就上手/黃揚名著.
一初版.一臺北市:五南,2013.09
面; 公分
ISBN 978-957-11-7256-9（平裝）

1.實驗心理學 2.電腦軟體

171.029   102015042

1JDN

E-Prime第一次用就上手

作　　者 ― 黃揚名（297.5）

發 行 人 ― 楊榮川

總　　編 ― 王翠華

主　　編 ― 王俐文

責任編輯 ― 金明芬　黃淑真

封面設計 ― 童安安　韓愉文

出 版 者 ― 五南圖書出版股份有限公司

地　　址：106台北市大安區和平東路二段339號4樓

電　　話：(02)2705-5066　傳　　真：(02)2706-6100

網　　址：http://www.wunan.com.tw

電子郵件：wunan@wunan.com.tw

劃撥帳號：01068953

戶　　名：五南圖書出版股份有限公司

台中市駐區辦公室 / 台中市中區中山路6號

電　　話：(04)2223-0891　傳　　真：(04)2223-3549

高雄市駐區辦公室 / 高雄市新興區中山一路290號

電　　話：(07)2358-702　傳　　真：(07)2350-236

法律顧問　林勝安律師事務所　林勝安律師

出版日期　2013年9月初版一刷

定　　價　新臺幣350元